KB218073

일러두기

• 본문의 각주는 편집자 주입니다.
• 식물 이름은 국가표준식물목록(http://www.nature.go.kr/kpni/index.do)을 기준으로 정리했습니다.

분단선에서
생명선으로

소중한 동식물의 마지막 피난처 DMZ

글·사진 전영재

목수책방
木水冊房

책을 펴내며

지구상에서 70년 넘게 비무장지대DMZ, demilitarized zone가 유지되고 있는 곳은 한반도가 유일합니다. 그 누구도 한반도 DMZ가 이렇게 오랫동안 지속되리라고는 예상하지 못했습니다. DMZ는 한국전쟁 당시 치열한 전투가 벌어지던 곳입니다. 포탄이 터지고 총알이 빗발치는 전장의 한가운데였지요. 정전 협정을 맺을 때만 해도 DMZ는 풀 한 포기 남아 있지 않은 죽음과 절망의 땅이었습니다. 휴전을 하고도 남북은 앞다투어 전쟁 무기를 배치하고 이중 삼중으로 철조망을 치면서 지구상 그 어느 곳보다 중무장한 경계 지역으로 만들어 놓았습니다.

그러나 사람의 발길이 끊어지면서 DMZ에 새로운 주인이 나타났습니다. 전쟁 전에는 논밭이던 땅에 수많은 풀씨가 날아들었고, 잿더미 숲은 온갖 야생동물들이 마음껏 뛰노는 낙원이 되었습니다. DMZ에 새로운 자연의 질서가 찾아온 것이지요. 환경이 파괴되면서 점차 살 곳을 잃은 생명들이 찾아와 DMZ에서 생태계를 복원하고 유지하며 평화로운 삶터를 만들어 냈습니다. '전쟁의 위험이 지키는 평화', 바로 이것이 DMZ가 '아주 특별한 땅'이 될 수 있었던 비밀입니다. 70년이 넘는 긴 세월 동안 인간의 간섭이 사라지면서 DMZ는 동식물의 안전한 서식지가 되었습니다. 생태계가 스스로의 힘으로 복원되는, '리와일딩rewilding, 재야생화'이 이루어지고 있는 것입니다.

DMZ의 자연이 스스로 생물 다양성을 회복해 온 것과 달리 남북한은 서로의 정치적 필요에 따라 화해와 긴장을 되풀이해 왔습니다. 최근 남북관계는 다시 냉전의 시간으로 돌아가 DMZ의 긴장감도 최고조에 이르렀습니다. 2024년 5월 북한은 남쪽을 향해 무차별적으로 오물 풍선을 살포했고, 남한도 2018년 판문점선언으로 철거되었던 대북 확성기 방송을 재개하고 전단을 살포하는 등 응수에 나섰습니다. 뿐만 아니라 북한은 대남 업무를 담당하는 기구나 연락체계를 모두 끊어 버린 상태에서 북측 군사분계선을 따라 철조망과 방벽을 추가로 설치하고 DMZ 북쪽에 수 만발의 지뢰를 추가로 매설하는 등 한동안 쌓아 온 화해와 신뢰의 남북관계를 단절하고 다시 적대 관계로 역사의 시간을 돌려 놓았습니다.

남북한이 이념 싸움을 계속하며 함께 살아갈 방법을 찾지 못하는 동안에도 DMZ의 자연은 상생할 수 있는 놀라운 방법을 우리에게 보여 주고 있습니다. 철책으로 굳게 닫혀 있던 민간인 출입통제선이하 민통선과 DMZ에는 희귀 동식물 116종을 비롯해 5800여 종의 동식물이 살고 있습니다. 북방계와 남방계의 식물과 곤충 들이 만나면서 생태계의 다양성을 유지할 수 있었던 것입니다. 백두대간을 따라 한라에서 백두까지 이어지던 자연의 생명 줄기가 전쟁으로 끊겼지만, DMZ가

끊어진 생명 줄기를 이어 주는 연결고리가 되었습니다.

　　DMZ에서 평화롭게 살아가는 야생동식물은 전쟁과 대립이 얼마나 헛된 것인지를 사람들에게 깨우쳐 주고 있습니다. 전쟁의 상처 위에 세워진 동식물의 특별한 삶의 터전은 생태계뿐만 아니라 남북관계에도 희망의 불씨가 되고 있습니다. DMZ에서 우리는 자연과 인간이 공존하는 방법을 찾아내야 합니다.

　　전 세계 생태학자들이 한반도 DMZ를 주목하고 있습니다. 자연의 놀라운 복원력 때문인데요. "한반도의 모든 생태 시스템이 집약되어 있는 곳", "한국전쟁이 남긴 유일한 혜택"이라고 DMZ를 표현합니다.

　　미국 애리조나대학교의 앨런 와이즈 교수는 "DMZ는 전쟁이라는 비극의 장소가 자연의 보고로 바뀔 수 있다는 것을 보여 준, 에덴동산을 떠올릴 수 있게 하는 지구상에 몇 남지 않은 장소 중 하나"라고 평가했습니다. 국제자연보전연맹IUCN, International Union for Conservaton of Nature의 줄리아 마르통-르페브르Julia Marton-Lefèvre 사무총장은 이렇게 말했습니다. "한국의 DMZ는 세계에서 가장 관심을 가지고 지켜보고 있는 지역입니다. 자연 보전과 지속 가능한 개발의 원칙이 지켜져서 평화생태공원이 완성된다면, 한국 정부와 국제자연보전연맹은 함께 오슬로에 가게 될 것입니다." DMZ가 노벨평화상을 받을 만한 가치가 있다는 사실을 돌려서 언급한 것입니다. 생물학자이자 미국 하버드대학교 명예교수인 에드워드 윌슨도 "DMZ 평화생태공원은 미국의 게티즈버그국립군사공원과 옐로스톤국립공원을 합한 것에 견줄 만합니다"라며 DMZ의 가치를 높게 평가했습니다. 이처럼 DMZ는 세계인이 주목하는 곳입니다. 우리는 통일 이전부터 정치·군사적 평화는 물론 생태·환경적 평화를 위한 일을 시작해야 합니다. DMZ 자연은 우리 민족을 넘어 세계 인류가 함께 누려야 할 소중한 자연유산이니까요. 이제부터라도 남과 북은 물론, 전 세계인이 함께 통일 후 비무장지대를 활용할 방안에 관한 지혜를 모아야 합니다.

지난 30여 년을 방송기자로 살아온 저에게 DMZ는 많은 삶의 조각이 녹아 있는 곳입니다. 1990년대 초반, 처음으로 DMZ 취재를 갔습니다. 해마다 성탄절을 앞두고 전방고지 십자탑에서는 크리스마스트리 점등식을 진행했었지요. 그해 저는 중부전선에서 열린 점등식을 취재하러 최전방을 찾았는데, 남북을 가로지르는 거대하고 삭막한 철책선 앞에서 할 말을 잃었던 기억이 납니다. 사랑과 평화를 기원하는 성탄 트리보다 전쟁과 분단의 상징인 끝도 없이 이어진 DMZ 철책이 던지는 울림이 더 크게 느껴졌습니다.

어느 해 겨울에는 DMZ에서 석양 속으로 날아가는 새 무리를 보았습니다. 분단된 땅의 철조망은 아랑곳 않고 자유롭게 날아가는 두루미 무리였습니다. 분단의 하늘에서 먼저 통일을 이룬 두루미의 날갯짓이 저에게 큰 감동으로 다가왔습니다. 어느덧 사람들의 뇌리에서 잊혀 가는 땅을 여전히 날아다니는 두루미의 비행을 보며 DMZ 현장을 계속 취재하기로 마음먹고 공부하기 시작했습니다.

베일에 가려진 DMZ 곳곳을 누비며 생명의 아름다움을 카메라에 담아 많은 사람에게 기쁨과 감동을 전하고 싶었습니다. 이런 노력 끝에 세계적인 희귀조 호사비오리를 66년 만에 한국 방송사상 처음으로 보도하고, 살아 있는 자연의 화석이라 불리는 산양 스물두 마리의 집단 서식지를 발견하고, DMZ의 두루미 잠자리를 처음 확인하고 보도하는 등 그간 DMZ 다큐멘터리 20여 편을 시청자들께 보여드릴 수 있었습니다.

DMZ를 관찰하고 취재하며 가장 보람 있고 반가운 일은 무엇보다도 희귀한 야생동식물을 만나는 순간입니다. 때로는 허허벌판에서 뼛속까지 파고드는 한겨울 추위와 싸워야 하고, 때로는 위장막 안에서 한여름 불볕더위를 견뎌야 하지만, 미확인 지뢰 매설 지역의 위험을 담보로 해야만 얻을 수 있는 귀한 생명과 만날 수 있었던 순간은 다른 어떤 선물보다 값진 보상이었습니다. 그때의 소중한 감동과 애써 모은 자료를 사람들에게 전달하는 기자의 사명을 보람으로 삼았기에 계속할 수 있었습니다.

그 덕분에 DMZ의 동식물이 등장하는 어린이 그림책 《산양의 비밀》, 《통일의 싹이 자라는 숲》을 비롯해 교육 자료가 될 만한 DMZ 생태를 소개한 책도 몇 권 출간했습니다. 하지만 청소년과 어른이 쉽게 읽고 DMZ의 귀한 동식물 이야기를 나눌 수 있도록 새로운 책을 보여드리고 싶었습니다. 이 책은 인간의 발길이 닿을 수 없는 냉혹한 DMZ가 아니라 전쟁의 상처가 남긴 뜻밖의 선물이자 한반도가 품은 놀라운 생물 다양성의 보고인 DMZ의 가치를 소개하고 있습니다. 이 땅의 역사를 이어 갈 사람이면 누구든 DMZ와 가까워질 수 있도록 이 책이 쓰일 수 있었으면 좋겠습니다.

이 책은 DMZ 생태를 생동감 있게 담으려고 노력했습니다. 1장 '새들이 먼저 통일을 이룬 세상'에서는 비무장지대에 살고 있는 텃새와 철새 등 대표적인 조류의 생태를 소개하고, 한반도 DMZ의 역사와 지리, 가치를 살펴봅니다. 2장 '비무장지대에 흐르는 생명의 물'에서는 남북의 이념 대립에도 불구하고 자유롭게 흐르는 강물과 그 분단의 강을 터전으로 살아가는 물새와 물고기, 습지와 주변 식물들의 이야기를 소개합니다. 3장 '지뢰밭에서 살아가는 희귀한 동식물'에서는 미확인 지뢰지대를 서식지로 살아가는 희귀한 조류와 동식물들, 다람쥐, 팔색조, 고라니, 산양이 등장합니다. 마지막 4장 '함께 만들어 가는 희망과 생명의 땅, DMZ'에서는 DMZ와 접경지역의 역사, 문화, 생태적 가치와 관광 자원으로 활용할 수 있는 방안, 독일이 통일을 이루기 전의 동서독 국경 지역을 그뤼네스반트Grünes Band로 보전한 사례에서 얻을 수 있는 교훈을 소개했습니다. 무엇보다 이 책이 전쟁의 상처를 딛고 얻은 뜻밖의 선물, 세계자연생태유산 DMZ의 가치를 이해하는 데 도움이 되었으면 좋겠습니다.

이 책이 나오기까지 힘이 되어 준 고마운 분들에게 인사드립니다. 언제나 저를 위해 기도하셨던 하늘에 계신 심재희 할머니, 방송기자로 DMZ 취재의 장을 열어 준 춘천MBC, 언제나 든든한 버팀목인 고마운 아내, 사랑스러운 딸 희진과 유민, 사위 대산, 호사비오리 번식지 사진을 제공해 준 박웅 작가님, 그리고 책 출판을 맡아 준 목수책방 전은정 대표에게 고마움을 전합니다. 특히 생각만 해도 늘 미소 짓게 하는 손자 태이와 통일된 강산에서 살게 될 남북의 모든 어린이, DMZ를 삶터로 살아가고 있는 산양, 두루미, 고라니, 저어새와 뭇 생명에게 이 책을 바칩니다.

2025년 휴전협정 72주년, 평화 원년을 기원하며
저자 전영재

차례

1장

새들이 먼저
통일을 이룬 세상

우리 민족이 남북으로 분단되어 자유롭게 오갈 수 없게 된 지
70년이 넘었습니다. 그러나 비무장지대에 살고 있는 텃새와
철새 들은 분단의 장벽을 아랑곳하지 않은 채 하늘에서 먼저
통일을 이루어 왔습니다. 한반도 비무장지대에서 인간의 간섭을
받지 않고 그들만의 낙원을 만들어 온 이 땅의 귀중한 철새와
텃새 들을 만나 봅시다.

1년 내내 한곳에서 사는 새를 텃새라 부릅니다. 계절에 따라 서식지를 옮기지 않기 때문에 일상에서 자주 관찰할 수 있지요. 잘 알려진 텃새로는 흔히 볼 수 있는 참새, 반가운 손님의 방문을 알리는 까치, 온몸이 검은 까마귀가 있고, 멧비둘기, 딱새, 곤줄박이, 박새, 쇠박새, 동고비, 꿩, 들꿩도 텃새입니다. 쉽게 볼 수는 없지만 검은등할미새나 쇠딱따구리, 오색딱따구리, 큰오색딱따구리, 청딱따구리, 까막딱따구리 같은 딱따구리류도 텃새랍니다. 물에 사는 흰뺨검둥오리나 원앙 등도 우리 민족과 함께 오래도록 이 땅에서 살아온 새입니다. 그뿐인가요? 수리부엉이와 올빼미, 참매, 붉은배새매, 새매 등 조류 최상위 포식자인 수리와 매 종류도 텃새에 속합니다.

사람의 발길이 닿지 않아 먹이사슬이 잘 보존된 비무장지대에는 보금자리를 만들어 살아가는 다양한 텃새가 있습니다. 분단의 상징인 철책선 안쪽은 먹이를 찾아 숲을 누비며 사는 텃새들에게는 고단한 날갯짓을 잠시 쉴 수 있는 안전한 쉼터가 되어 주니까요.

DMZ의 봄은 새들의 지저귀는 소리로 시작됩니다. 넥타이를 맨 것처럼 가슴 한가운데에 검은 무늬가 있는 박새는 버들강아지 새순을 따 먹으며 봄기운을 만끽하고요. 텃새 중 가장 먼저 번식을 시작하는 수리부엉이는 한탄강 절벽에 번식

박새

지를 마련하여 새 생명의 탄생을 준비합니다. '뱁새가 황새 따라가다 가랑이 찢어진다'는 속담을 들어보았지요? 우리나라에서 가장 작은 새인 뱁새는 '붉은머리오목눈이'라 불리는 텃새로, 숲속을 무리 지어 날아다니며 먹이활동을 합니다.

박새나 딱새, 곤줄박이처럼 작은 새들은 봄기운이 완연해지는 4월이면 번식 작업에 들어갑니다. 반면, 작은 새들을 잡아먹는 먹이사슬 상위의 맹금류들은 번식 시기가 더 빠릅니다. 작은 텃새들은 첫 번식에 실패하면 다시 둥지를 마련해 2차 번식에 들어가기도 합니다. 최근에는 기후 변화와 지구 온난화가 가속화되면서 백로와 왜가리, 가마우지 같은 여름 철새들도 텃새가 되고 있답니다. 한반도의 겨울이 따뜻해지니 굳이 남쪽 나라로 떠날 이유가 없어지는 것입니다.

임진강은 함경남도 덕원군 두류산에서 발원하여 북한 땅을 적시고 DMZ를 넘어 남으로 흘러옵니다. DMZ를 통

황조롱이

분단선에서 생명선으로

1. 수리부엉이 2. 꿩 3. 참새 4. 어치 5. 찌르레기 6. 직박구리 7. 청둥오리 8. 딱새 9. 알락개구리매 10. 참매

과한 임진강은 민통선을 지나 경기도 연천군으로, 파주시를 지나 한강하구에서 한강과 합류하여 서해로 흘러갑니다. 지금은 분단의 강이지만, 분단 이전에 임진강은 맑은 물과 아름다운 풍경을 자랑하던 곳이었습니다. 더욱이 예로부터 우리나라 수상교통의 요지여서 한국전쟁 이전에는 연천군 고랑포까지 배가 다녔다고 해요.

서울에서 자유로를 끼고 파주로 달리다 보면 오두산 통일전망대가 나옵니다. 오두산 부근이 바로 한강과 임진강이 만나는 합수 지점입니다. 오두산 통일전망대에서 내려다보면 임진강과 한강이 만나 서해로 흘러가는 모습을 볼 수 있어요. 강 건너편에 있는 북한 선전마을 황해북도 개풍군 관산반도의 건물도 한눈에 들어옵니다. 강의 너비가 고작 3킬로미터 남짓. 크게 소리치면 강 건너편에서 들을 정도로 가까운 거리지만 남북은 강을 사이에 두고 70여 년이 넘도록 오가지 못한 채 안타깝게 바라만 보고 있습니다. 강물을 따라 끝도 없이 이어지는 철책선, 높은 곳이면 어김없이 세워진 감시용 경계초소, 철통 보안의 긴장감만 흐르는 이곳에 오면 통일의 길이 얼마나 멀고 험한지 다시 한번 느끼게 됩니다.

자유로 주변의 경계용 철책 너머로는 강물과 갯벌, 갈대밭이 이어집니다. 한강하구는 우리나라 4대강 하구역^{강물이 바다}로 흘러 들어가는 지역 가운데 유일하게 하구둑이 건설되지 않아 바닷물의 출입이 자유롭고, 자연적인 하구 경관과 생태적 특성이 잘 보존되어 있습니다. 한강하구 습지보호지역은 민물과 바닷물이 만나는 기수역汽水域이 발달해 생물 다양성이 높고 생태

분단선에서 생명선으로

깍도요

흰꼬리수리

개리

임진강하구의 철새들

분단선에서 생명선으로

적으로 우수한 곳이지요. 물 흐름도 자유로워 다양한 물고기들이 알을 낳는 최적의 산란장소랍니다. 또 밀물과 썰물의 큰 차이는 갯벌의 유기물을 풍부하게 해 참갯지렁이, 말뚱게 등 다양한 생명체들이 살아가기에 아주 좋은 환경을 만들어 줍니다. 바닷물에서 살아가는 바다 생물은 보통 기수역을 따라 이동해 민물에 적응하게 되고, 다시 바다로 나가기 전에도 기수역에서 적응 과정을 거칩니다. 따라서 이 지역에서 관찰되는 생물종은 바다와 강을 오가며 살아갈 수 있도록 진화해 왔습니다.

한강하구는 수도권에 있지만 남북의 군사적 대립 상황 때문에 습지의 형태가 잘 보존되어 있습니다. 각종 개발 사업으로 갈 곳이 없어진 야생동식물에게는 오히려 안전한 보금자리가 되어 주지요. 서부 민통선 지역의 습지는 선사시대부터 워낙 다양한 생명이 살기에 좋은 자연조건을 갖추고 있어 많은 생명을 품고 있었는데요. 지난 분단의 세월 동안 개발행위가 제한되면서 원시적인 자연경관과 생태적 특성이 더 잘 보전되었던 것입니다.

임진강과 한강의 하구는 여름 철새와 겨울 철새의 중요한 중간 기착지 역할을 하고 있어요. 민간인들이 자유롭게 들어갈 수 없는 데다 이곳의 다양한 어류와 수서곤충이 철새들의 중요한 먹이가 되어 주기 때문이지요. 특히 장항습지는 우리나라 최대의 버드나무 군락지이며, 겨울철에는 수많은 기러기와 다양한 겨울 철새들이 찾아오는 곳입니다.

철새는 계절에 따라 규칙적으로 번식지를 찾거나 서식지를 이동합니다. 주로 봄가을에 이동하는데, 사람의 눈에는 잘 보이지 않는 새들의 길을 '철새 이동 경로flyway'라고 해요. 전 세계에는 물새를 기준으로 모두 아홉 개의 주요 이동 경로가 있다고 합니다. 우리나라는 동아시아 대양주 이동 경로에 속해요.

철새들은 해마다 봄가을 기류를 타고 3000킬로미터 이상 이동해 옵니다. 주로 번식지를 찾아오는 여름 철새와 겨울을 나려고 찾아오는 겨울 철새로 나누는데요. 여름 철새에는 천연기념물인 저어새를 비롯해 뜸부기, 장다리물떼새, 청호반새, 호반새 등이 있습니다. 겨울 철새는 두루미와 재두루미를 포함한 두루미류, 독수리와 참수리, 쇠부엉이 같은 수리류, 개리와 같은 기러기류 등이 있습니다. 겨울 철새들은 시베리아를 비롯해 몽골, 흑룡강, 아무르강에서 번식하고 가을이면 임진강과 DMZ를 찾아와 겨울을 나고 이듬해 봄 다시 번식지로 돌아갑니다.

철새들은 보이지 않는 연결고리로 전 세계 여러 나라, 다양한 생명과 연결되어 있습니다. 계절에 따라 먹이활동과 번식 그리고 휴식 장소를 찾아 장거리를 비행하며 다양한 동식물의 생태계에 영향을 미치고 있습니다. 인류를 비롯하여 동시대를 살아가는 무수한 생명의 활동이 만들어 내는 문화와도 연결되어 있답니다. 청다리도요와 꺅도요, 삑삑도요, 깝작도요 무리는 봄가을에 이동해 임진강에서 긴 비행의 여독을 풀고 물고기를 잡아먹으며 에너지를 보충합니다. 그런가 하면 민통선 안쪽 장단반도는 겨울철 독수리 먹이 주기 활동이 몇 년째 계속되면서 해마다 독수리 수백 마리가 겨울을 나는 독수리 월동지가 되었지요. 특히 가을철 임진강 주변 평야에서 수만 마리의 쇠기러기와 큰기러기가 펼치는 군무는 분단이 만들어 낸 멋진 장면 중 하나입니다.

한반도 DMZ는 어떻게 생겨났나요?

3년 동안 온 강산이 피로 얼룩졌던 한국전쟁. 지금은 휴전 상태지만 전쟁의 상흔은 여전히 곳곳에 남아 있습니다. 1950년 6월 25일 새벽, 북한군의 남침으로 일어난 한국전쟁은 되돌릴 수 없는 비극의 시작이었습니다. 승자도 패자도 없이 죽음과 폐허의 소모전이 길어지면서 유엔군을 중심으로 159차례의 본회담이 열렸고 결국 1953년 7월 27일 오전 10시, 정전협정에 조인調印합니다. 1127일 동안 계속되던 전쟁의 총성이 드디어 멈춘 것이지요.

한반도 비무장지대는 1953년 7월 27일 판문점에서 한국 군사 정전에 관한 협정Korean Armistice Agreement을 맺으며 생겨났습니다. 이것은 국제연합군 총사령관을 일방으로 하고 조선인민군 최고사령관 및 중국인민지원군 사령관을 다른 일방으로 하는 한국 군사 정전에 관한 협정입니다. 한반도에서 일어난 전쟁을 멈추는 정전협정을 의미합니다. 한국전쟁 정전협정문에 서명한 사람은 총 세 명인데요. 유엔UN군 총사령관인 미국 육군 대장 마크 웨인 클라크Mark Wayne Clark와 조선인민군 최고사령관 김일성, 중국인민지원군 사령관 펑더화이彭德懷입니다. 남한은 정전협정의 당사자가 아니었지요.

한국전쟁을 일시 중지하는 정전협정문은 전문 5조 63개 항으로 되어 있습니다. DMZ는 정전협정문 제1조의 11개 항목에 따라 만들어졌습니다. "1개의 군사분계선을 확정하고 쌍방이 이 선으로부터 각각 2킬로미터 후퇴함으로써 설정된 공간"이라는 문구가 명시되는데요. 남북한의 군사적 충돌을 방지하기 위한 군사적 완충지대로서 DMZ가 탄생한 것입니다.

군사분계선을 중심으로 동서 248킬로미터에 이르는 DMZ는 남북으로 4킬로미터, 면적으로는 992제곱킬로미터에 달합니다. 한반도 중심에 거대한 중간 띠가 생긴 것이지요. 정전협정문 체결로 임진강에서 동해안까지 남북 군사분계선을 알리는 말뚝 총 1292개가 200미터 간격으로 설치되었습니다. DMZ는 국제법에 의해 설정되며, 제도적으로 완충 공간의 존재와 비무장화, 감시기구의 설치 의무화, 포로 송환, 고위급 정치회담 등의 내용을 포함하고 있습니다. 그러나 아이러니하게도 한반도 DMZ는 중무장한 남북의 군사력이 대치하며, 비밀스러운 군사 무기들이 숨어 있는 곳으로 변했습니다.

1953년에 체결된 한국전쟁 정전협정문은 지금까지도 그 효력을 발휘하고 있습니다. 민족 분단의 참혹한 비극이 수십 년째 계속되고 있으며, 남북 상생 방안은 앞으로 몇 걸음도 나아가지 못했을 뿐 아니라, 통일 한국의 미래 청사진도 그리지 못한 채로 말이죠. 정전협정의 의무 조항에 따르면, 휴전협정 이후 3개월 안에 당사국 간에 평화협정을 논의해야 했습니다. 특히 1954년 제네바회담에서 한반도 평화협정에 관해 구체적 논의가 이루어져야 했지만, 미국 측의 협상 회피로 실질적으로 깊이 있는 논의를 하지 못했습니다. 그 결과 한반도는 공식적인 평화협정을 체결하지 못한 채 지금까지 휴전상태가 이어지고 있습니다. 70여 년 전 정전협정문이 조인된 것처럼 지금이라도 남북이 합의한다면 한반도의 평화협정은 순식간에 이루어질 것이고, 분단의 상징인 DMZ도 사라질 것입니다.

분단선에서 생명선으로

DMZ의 풍경. 지뢰 경고를 알리는 철조망 위에서 쉬고 있는
딱새 암수의 모습이 평화롭다.

기러기

한국전쟁 당시 가장 치열한 전투가 벌어졌던 최북단의 강원특별자치도 철원군은 아직도 전쟁의 상흔이 곳곳에 남아 접경지의 긴장감이 느껴지는 곳입니다. 일제강점기인 1930년대만 해도 철원읍은 4269가구에 주민 1만9693명이 거주할 만큼 큰 규모의 도시였어요. 1938년에는 철원공립보통학교에 2600명이나 되는 학생이 다녔지요. 경제와 산업의 중심지로 북적였던 구舊 철원 시가지는 한국전쟁이 끝나면서 흔적 없이 사라졌습니다. 이제는 앙상한 뼈대만 남은 북한노동당사가 당시의 상처를 대변하고 있지요.

철원은 북한의 원산에서 서울로 뻗어 있는 추가령구조곡의 일부로, 평강공원에서부터 펼쳐지는 현무암 용암대지라 비옥한 땅을 자랑합니다. 세월이 흐르면서 지금 구 철원은 찾는 사람들이 줄어들었지만, 수천 헥타르의 농지는 해마다 가을이면 두루미, 기러기, 독수리가 찾아오는 '새들의 낙원'이 되었습니다. 10월 초순, 가을걷이가 끝난 철원평야에는 녹슨 철조망을 따라 단풍이 곱게 물들기 시작합니다. 이때쯤이면 철원 민통선에 귀한 겨울 손님들이 찾아옵니다. 첫 손님은 기러기입니다. 기러기는 세 마리 이상만 되면 항상 브이V 자 모양을 그리며 날아갑니다. 민통선 안에만 8~10만 마리의 기러기가 찾아옵니다. 철원평야를

철원 북한노동당사 위를 날아가는 기러기

V자로 날아가는 기러기의 비행 형태

찾는 기러기가 워낙 많다 보니 흔한 새라고 생각할 수도 있지만, 기러기는 전 세계에 50만 마리밖에 남지 않은 희귀종입니다.

철원의 가을이 한창이면 논바닥마다 새까맣게 내려앉은 기러기 떼를 볼 수 있는데요. 기러기들은 분주히 낟알을 먹으면서도 경계를 늦추지 않는답니다. 작은 인기척이라도 들리면 고개를 반듯이 세워 곧바로 날아갈 수 있는 자세를 취합니다. 낯선 소리에 놀란 기러기들이 한꺼번에 날아오르는 날갯짓 소리가 어찌나 요란한지 귀가 다 먹먹해질 정도랍니다.

1994년 12월, 우리나라에서 보기 드문 흰기러기가 찾아와 사람들의 관심을 끈 적이 있어요. 오릿과에 속하는 흰기러기는 날개 끝만 검은색이고 몸은 온통 하얀색입니다. 흰기러기는 지난 100여 년 동안 1917년과 1948년, 경기도 북부와 호남 지방 등에서 단 세 차례만 발견되었을 정도로 귀한 철새입니다. 그러다가 1994년에 여덟 마리, 1995년에 열두 마리가 나타나면서부터 철원을 찾는 흰기러기의 수가 점점 늘어나고 있습니다.

철원을 찾아오는 기러기들은 낮에는 철원평야에서 먹이 활동을 하고, 해 질 무렵이면 토교저수지로 날아와 잠을 잡니다. 저수지를 가득 메운 쇠기러기들의 군무를 구경하려면 이른 아침 동틀 녘이 좋습니다. 동이 트기 전 잠에서 깨어난 쇠기러기의 울음소리가 적막한 토교저수지와 민통선을 깨웁니다. 쇠기러기들은 무리를 지어 호수를 날아올라 분단의 하늘을 새까맣게 뒤덮습니다. 수면 위를 힘차게 날아오르는 쇠기러기의 울음 소리는 메아리가 되어 저수지 가득 울려 퍼집니다. 검은 쇠기러기 떼의 행렬은 민통선 농경지로 향하면서 검은 점으로 바

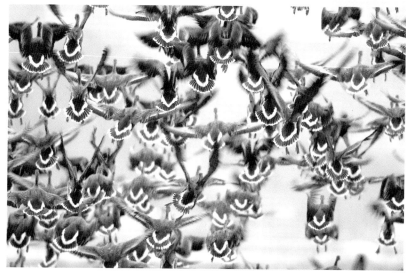

쇠기러기의 군무

흰기러기

철원 토교저수지의 기러기 떼

분단선에서 생명선으로

꿔어 갑니다. 이렇듯 토교저수지에서 철원평야로 먹이활동을
하러 날아가는 쇠기러기가 연출하는 대자연의 파노라마는 한겨
울 내내 매일 아침 반복됩니다.

두루미와 재두루미

분단의 하늘을 자유롭게 높이 날며, 매해 봄가을 번식지와 월
동지 사이를 오가는 긴 여행을 반복하는 겨울의 귀한 손님 두
루미와 재두루미. 이 새들은 지난 분단의 세월 동안 하늘에서
먼저 통일을 이루었습니다. 우리 민족이 유난히 귀히 여긴 새,
두루미를 한번 만나볼까요? 이 겨울 진객珍客은 DMZ에서 더
특별한 대접을 받고 있습니다. 지구상 어디에서도 볼 수 없는,
철책을 지키는 병사들의 보호를 받으며 겨울을 나기 때문이지
요. 남한을 찾아오는 두루미 월동지 대부분은 강원특별자치도
철원평야와 경기도 연천군 민통선 지역입니다.

국제두루미재단ICF, International Crane Foundation 한국지부
2024년 자료에 의하면 전 세계에 생존하는 두루미 개체 수는
한국 2200마리, 중국 800마리, 일본 4800마리 정도라고 합니
다. 한국을 찾아와 겨울을 나는 두루미 대부분이 철원과 연천
에서 겨울을 보내며, 파주와 강화도에는 20~30마리 정도 찾아
온다고 해요. 우리나라는 두루미를 국가자연유산인 천연기념
물 제202호로 지정해 보호하고 있습니다.

"뚜루루루루루루루루…… 뚜루루루루루루루루……"

가을이 깊어 갈수록 민간인의 발길이 끊긴 철원읍 월정

리와 대마리, 동송읍 하갈리 등 민통선 지역에서는 독특한 새 울음소리가 곳곳에서 메아리칩니다. 농경지에서 벼의 낟알을 찾던 두루미가 위험을 느끼고 동료에게 알리는 소리입니다. 경계심이 강한 두루미는 한겨울이 되면 먹이를 찾으러 새로운 곳을 다니기보다는 다른 동료 두루미가 먹이활동을 벌이는 곳에 내려앉습니다.

민통선 지역과 비무장지대를 찾는 겨울 손님 중에는 반가운 얼굴이 또 있습니다. 바로 재두루미입니다. 재두루미의 몸은 엷은 회색빛이고, 눈 주위에 있는 새색시 볼의 연지 같은 빨간 반점이 인상적입니다. 취약종으로 등재된 국제보호조류인 재두루미는 천연기념물 제203호, 멸종위기 야생생물 2급

두루미

재두루미

두루미의 잠자리

분단선에서 생명선으로

으로 지정되어 보호받고 있습니다. 시베리아와 중국에서 번식을 마친 재두루미는 겨울을 나기 위해 우리나라를 찾는데요. 겨울이 아닌 봄가을에도 번식지에서 일본 규슈 지역으로 이동하는 재두루미들이 이곳에 잠깐씩 머물렀다 가기도 합니다. 재두루미는 지구상에 1만5000~1만6000마리가 있다고 추정하는데, 그중 9000~1만 마리가 철원·연천 민통선 지역과 비무장지대, 일본 이즈미 지역을 찾아 겨울을 납니다.

이처럼 철원평야가 겨울 철새의 낙원이 된 데에는 그만한 이유가 있습니다. 한겨울이면 영하 20도까지 내려가는 철원은 남한에서 가장 추운 곳이지만, 겨울 철새들에게 젖줄이 되는 '샘통' 지역은 아직 한 번도 언 적이 없습니다. 강원특별자치도 철원군 철원읍 내포리에 있는 샘통은 오히려 한겨울에 따뜻한 물이 흐르면서 늘 영상 15도의 온도를 유지합니다. 그러다 보니 샘통 주변에는 겨울에도 두루미의 먹이가 되는 미꾸라지 등 민물고기가 서식합니다. 얼어붙은 철원평야에서 샘통이 두루미들에게 먹이와 쉼터를 제공하는 것입니다.

드넓은 철원평야에 떨어진 벼의 낟알도 철새들의 중요한 먹이가 됩니다. 철원평야가 민통선 지역이다 보니 가을걷이가 끝나면 사람들의 발길은 뚝 끊어집니다. 그래서 새들에게는 더할 나위 없이 안전한 동시에 먹이가 풍부한 낙원이 되는 것이지요. 해마다 철원평야를 찾는 새들은 맛있는 벼 낟알과 샘통의 깨끗한 물, 그리고 샘통의 물줄기에 서식하는 물고기 등을 잡아먹으며 든든하게 겨울을 나고 있습니다.

한편 철원평야를 가로질러 흐르는 한탄강은 두루미와 재

두루미 부부의 과시 행동

벼의 낟알을 먹고 있는 재두루미

두루미의 중요한 잠자리이기도 합니다. 두루미와 재두루미는 물속에 발을 담그고 잠자는 습성이 있는데요. 이는 천적으로부터 자신을 보호하기 위해 오래전부터 지속된 습관입니다. 지형이 낮은 한탄강의 여울은 한겨울에도 얼지 않아 두루미에게는 천혜의 잠자리랍니다. 최근 조사에서 500~600마리 정도가 한탄강 상류 이길리와 정연리 모래사장을 잠자리로 이용하는 것으로 확인되었습니다.

한겨울, 한탄강마저 얼면 두루미들은 민통선 안에 있는 저수지로 잠자리를 옮깁니다. 토교저수지를 비롯해 동송저수지, 산명호저수지, 하갈저수지 등 민통선 안에 있는 저수지의 얼음판을 주로 이용합니다. 두루미들은 드넓은 저수지의 얼음판 중에서도 중간지대를 주로 이용하는데, 이는 천적의 위협을 피하기 위해서지요.

한탄강 두루미의 잠자리

분단선에서 생명선으로

이른 아침, 저수지의 얼지 않은 얼음 구멍에서 피어오르는 물안개 속에서 아침 기지개를 켜는 두루미의 날갯짓을 보면 참으로 황홀합니다. 이렇게 잠에서 깨어난 두루미들은 삼삼오오 무리를 지어 철원 '오대벼'를 먹으러 철원평야로 비행을 시작합니다. 남북을 넘나들며 땅에서도 하늘에서도 자유롭게 살아가는 두루미들에게 민통선 지역과 DMZ는 언제까지나 좋은 월동지로 남아 있어야겠습니다.

한반도 DMZ를 찾아오는 일곱 종의 두루미

전 세계적으로 15종의 두루미류가 서식하고 있습니다. 철원 민통선과 DMZ에서는 지금까지 두루미, 재두루미, 흑두루미, 시베리아흰두루미, 캐나다두루미, 검은목두루미, 쇠재두루미, 이렇게 모두 7종의 두루미가 관찰되었습니다. 이 두루미류는 모두 멸종위기종이라 국제적으로 보호받는 귀한 새들입니다.

2000년 1월, 철원 DMZ를 취재하다가 처음 보는 신기한 두루미를 발견했습니다. DMZ를 지키는 병사와 주민들은 몸 색깔 때문에 '황금두루미'라 불렀습니다. 온몸이 황갈색을 띠고 있는 이 희귀조는 당시 우리나라에서 출판된 조류 도감에서는 찾을 수 없어서 외국 문헌까지 찾아가며 확인해 보았습니다. 그 새는 그때까지 국내에서는 관찰된 기록이 없었던 시베리아흰두루미의 새끼였습니다. 시베리아흰두루미는 새끼일 때 황갈색을 띠다가 자라면서 점점 흰색으로 변해 갑니다. 그해 시베리아흰두루미 새끼는 재두루미와 함께 먹이를 찾으면서 철원 민통선에서 겨울을 보냈습니다.

황갈색을 띠던 새끼는 어른 새가 되면 털빛이 완전히 흰색으로 변합니다. 몸집은 두루미보다 작지만 시베리아흰두루미가 하늘을 날 때면 몸속에 감추어졌던 검은 날개깃이 드러나면서 신비감을 더합니다. 러시아와 시베리아에서 번식하며 중국, 인도, 이란 등에서 집단 월동하는 시베리아흰두루미는 번식지와 월동지가 가장 멀리 떨어져 있는 두루미의 한 종입니다. 전 세계적으로 3000마리 정도밖에 없는 아주 귀한 두루미지요.

어느 해 겨울에는 두루미류 가운데 키가 90센티미터 정도밖에 되지 않는 작은 쇠재두루미가 재두루미와 함께 귀한 모습을 보여 주기도 했습니다. 유럽에 주로 사는 검은목두루미도 철원 민통선에서 관찰되었습니다. 머리 위가 붉은색이고 눈앞과 이마가 검은색인 검은목두루미가 재두루미와 함께 농경지 이곳저곳을 다니며 벼의 낟알을 먹으며 한반도 비무장지대에서 첫 겨울을 나기도 했습니다.

이 밖에도 캐나다두루미는 주로 캐나다와 알래스카의 초습지에서 번식하고 미국 서남부와 멕시코에서 월동하는데, 10월 이동 시기에 한반도를 지나가다 들른 기록이 있습니다. 흑두루미는 몸이 전체적으로 흑회색이고 목 부분이 흰색으로, 순천만과 천수만이 주 월동지입니다. 가끔은 재두루미 무리와 함께 철원 민통선을 찾아 겨울을 나는 흑두루미가 목격될 때도 있어요. 두루미나 재두루미보다 몸집이 작아 먹이활동에 다소 제약을 받기도 합니다. 여러 종의 두루미를 함께 관찰할 수 있는 철원 민통선에 올해는 어떤 두루미가 찾아올지 늘 기대하게 됩니다.

오른쪽부터 재두루미, 흑두루미, 두루미, 검은목두루미

시베리아흰두루미

시베리아흰두루미 유조

검은목두루미

흑두루미

캐나다두루미

두루미의 먼 친척, 천연기념물 느시

철원 민통선과 비무장지대는 무분별한 남획으로 사라진 귀한 생명들이 잊을 만하면 다시 그 모습을 보여 줍니다. 두루미의 먼 친척뻘 새 중 하나로 20세기 초까지만 해도 우리나라에서 흔히 볼 수 있었던 겨울 철새인 '느시'가 철원 민통선에 가끔 고고한 자태를 드러냅니다. 멀리서 보면 기러기처럼 보이지만 자세히 보면 털 색깔과 몸집 크기가 다릅니다. 등에는 붉은 갈색 바탕에 검은색 가로무늬가 있고 머리와 목은 회색을 띠고, 배 쪽은 흰색입니다.

'들칠면조'라고도 불리는 느시는 겨울 철새로 스페인에서부터 동아시아까지 분포합니다. 현재 느시는 전 세계적으로 2만여 마리밖에 남지 않아 1990년대 이후부터 국제자연보전연맹은 멸종위기 취약종으로 지정해 국제적으로 보호하고 있습니다. 우리나라도 느시를 천연기념물 제206호로 지정했습니다. 대형 조류인 느시는 몸 길이가 보통 수컷이 약 102센티미터, 암컷은 약 76센티미터 정도고, 가슴에 밤색 띠가 있는 것은 수컷이고 없는 것이 암컷입니다. 먹이는 두루미와 마찬가지로 곡류나 농작물 종자, 식물 뿌리 등을 즐겨 먹습니다.

한국전쟁이 일어나기 전에는 20마리 정도의 월동 개체가 관찰되었지만, 전쟁 이후에는 관찰 기록이 많지 않습니다. 전문가들은 우리나라에서는 1950년대부터는 남획 등으로 대부분 자취를 감추었다고 봅니다. 남아 있는 관찰 기록도 손에 꼽을 정도로 적습니다. 기록에는 1950년과 1968년, 그리고 2005년, 2020년, 2023년에 전북 만경강, 경기도 여주, 강원특별자치도 철원

느시

민통선 안에서 발견된 귀한 손님입니다. 느시의 다른 이름인 들칠면조처럼, 철원 민통선 들판을 비롯해 전국의 평야에서 해마다 평화롭게 노니는 느시의 모습을 다시 볼 수 있도록 건강한 생태계가 유지되면 좋겠습니다. 느시가 살아 있다면 우리의 생태계가 건강하다는 의미겠지요. 철새들은 환경변화의 지표니까요.

개리

임진강과 한강이 만나는 오두산 통일전망대 근처에서만 관찰되는 귀한 겨울 손님이 있습니다. 강 건너는 북한 땅 황해북도 개풍군 선전마을이라 긴장감이 감돌지만, 주변은 아랑곳하지 않고 남북을 오가며 먹이를 찾아다니는, 기러기처럼 보이는 새를 관찰할 수 있습니다. '백조를 닮은 기러기'라는 별명처럼 아름다운 새로 소문난 개리입니다. 기러기목 오릿과에 속하는 개리는 크기는 큰기러기만 한데, 목 뒷부분에서 머리 위, 눈 앞부분까지가 짙은 갈색이고 목 아래로는 흰색이라 기러기와 구분됩니다.

시베리아와 캄차카반도 등지에 분포하는 개리는 한국·중국·일본에서만 겨울을 보냅니다. 우리나라에는 10월쯤 찾아오는 겨울 철새로, 이듬해 4월까지 볼 수 있습니다. 주로 서부 민통선 지역에서 관찰되는데, 특히 북한 땅이 보이는 오두산 부근 갯벌이 개리의 최대 월동지입니다. 개리는 겨울이 되면 이곳에서 '꾸룩 꾸룩 꾸꾹' 합창하며 먹이를 찾느라 분주하게 움직입니다. 철책선 때문에 분단의 아픔이 느껴지는 이곳이 개리에게는 겨울을 따뜻하게 보낼 수 있는 안식처지요. 임진강 갯벌이 얼었다 녹으면 개리들은 갯벌 속에 머리를 박고 갯지렁이며 조

갯벌에서 먹이를 찾고 있는 개리

재두루미와 개리

개리 암컷과 수컷

개 같은 먹이를 찾아 나섭니다. 갯벌에서 먹이를 찾는 개리 모습은 마치 진흙 팩을 한 것처럼 우스꽝스러워 보인답니다.

개리들은 배가 차면 부리를 털고 깃털을 다듬으며 몸단장하고, 수컷들은 목을 앞으로 쭉 뻗으면서 다른 녀석들과 영역 다툼을 하기도 합니다. 한강과 임진강이 만나는 서해안 갯벌에는 가을이면 세계적으로 보기 드문 재두루미도 날아와 개리와 함께 겨울을 납니다. 또 한강하구의 습지에서는 고라니도 개리와 함께 생활합니다. 고라니는 개리가 있는 장소에 자주 나타나는데, 그때마다 위험을 느낀 개리들이 재빨리 다른 장소로 이동하는 모습도 관찰됩니다.

개리는 호수나 간척지, 풀밭, 습지, 논밭 등에 떼 지어 살아가고요. 번식지에서는 땅 위 움푹 팬 곳에 마른 풀로 접시 모양의 둥지를 만듭니다. 먹이는 갯벌이나 진흙 속에 묻혀 있는 식물의 뿌리, 물고기, 무척추동물 따위를 찾아 먹습니다. 갯벌을 파헤치다 힘들면, 가끔 남이 파 놓은 것을 가로채는 녀석도 있지요. 또 개리가 파 놓고 간 자리에서 먹이를 찾는 청둥오리나 큰기러기도 볼 수 있습니다.

분단의 강이 개리를 따뜻하게 품어 주고는 있지만, 개리역시 환경오염으로 서식지가 파괴되면서 점점 그 수가 줄고 있습니다. 전 세계에 5만여 마리밖에 남지 않아, 우리나라를 찾는 개리도 많은 수는 아닙니다. 우리나라는 개리를 천연기념물 제325호로 지정해 보호하고 있으며, 국제자연보전연맹도 개리를 멸종위기에 놓인 새로 분류해 보호하고 있습니다.

군사분계선? 북방한계선?

21세기 인류는 전 세계 어디든지 자유롭게 여행할 수 있는 '지구촌 시대'를 살지만, 이념 대립 때문에 오갈 수 없는 땅이 우리 한반도에 존재하고 있습니다. 전쟁의 포화는 멈추었다 해도 여전히 적을 코앞에 두고 대치한 상황이라면 어떨까요? 군사적 충돌 가능성은 여전히 남아 있겠지요? 그래서 한국전쟁 정전협정문은 군사분계선MDL, Military Demarcation Line에서 남북으로 각각 2킬로미터 떨어진 곳을 '비무장지대'로 규정했습니다. 일반적으로 군사분계선은 휴전이 성립된 시점의 전선을 분계선으로 삼는데요. 한국의 군사분계선은 1953년 7월 27일 유엔군 측과 공산군 측이 합의한 정전협정으로 육상에 그어진 선, '휴전선'을 의미합니다.

흔히 38선과 휴전선을 같은 말이라고 오해하는 경우가 많지만, 실제는 다릅니다. 38선은 1945년 광복 이후 미군과 소련군이 한반도를 분할 통치하기 위해 북위 38도선을 기준으로 나눈 경계선이고요. 휴전선은 1953년 7월 27일 교전이 멈춘 시점을 기준으로 나눈 선입니다. 정전협정 제1조는 양측이 휴전 당시 점령하고 있던 지역을 기준으로 군사분계선을 설정하고 상호 간에 이 선을 침범하거나 상호 적대행위를 하는 것을 금지하고 있습니다. 적대행위가 일어나는 것을 막기 위해 군사분계선을 따라 병력을 분리하고 완충지대를 설치하는 경우도 있습니다. 이때 군사분계선을 기준으로 양측에 무장을 금지하는 비무장지대를 설치하고, 이행 여부를 국제적인 감시위원회에서 감시하게 합니다. 쌍방의 병력을 철수시킨 뒤에 유엔군 등 제삼자가 현장에 주둔해서 감시하기도 합니다.

한반도를 동서로 가로지르는 DMZ의 길이는 약 248킬로미터, 임진강하구인 파주시 정동리부터 개성 남쪽의 판문점을 지나 중부 지역인 철원을 거쳐 동해안의 고성군 명호리에 이릅니다. 군사분계선에는 200

미터 간격으로 총 1292개에 달하는 황색 표지판이 설치되어 있습니다. 남쪽에서 북쪽으로 향한 표지판에는 한글과 영어로, 북쪽에서 남쪽으로 향한 표지판에는 한글과 한자로 각각 경계선을 표시하고 있는데요. 설치된 지 수십 년이 흐르면서 일부 지역의 표지판은 부서지거나 없어져, 양측 군인들이 상대측 군사분계선을 넘었는지 판단할 수 없어 논란을 빚는 일도 종종 있습니다.

군사분계선을 중심으로 북쪽으로 2킬로미터 떨어진 지점의 경계선을 북방한계선NLL, Northern Limit Line, 남쪽으로 2킬로미터 떨어진 지점의 경계선을 남방한계선SLL, Southern Limit Line이라 합니다. 이 또한 1953년 7월 27일 정전협정에 따라 설정한 육상 경계선입니다. 그러니까 우리에게는 최전방의 철책선이 바로 남방한계선인 것이지요. 그러나 1968년 북한이 북방한계선을 군사분계선 쪽으로 옮기면서 남한도 남방한계선을 북상시켜 DMZ의 폭이 4킬로미터를 유지하는 곳이 많지는 않습니다. 양구 펀치볼 마을이 내려다보이는 가칠봉 OPObservation Post, 관측소는 남북초소간 거리가 불과 780미터밖에 되지 않습니다.

남과 북이 군사분계선을 통과한 역사적 사건들도 있었습니다. 백범 김구 선생은 휴전선 설정 전에 군사분계선을 통과했고, 2007년 10월 2일 노무현 전 대통령은 군사분계선을 직접 넘어 평양에서 역사적인 남북정상회담을 가진 바 있습니다. 2018년 4월 27일, 문재인 대통령과 김정은 북한 국무위원장의 남북정상회담은 판문점 군사분계선 앞에서 만남이 시작된 최초의 정상회담이었지요. 그때 김정은 국무위원장이 군사분계선을 넘어 남측으로 이동했는데, 북한 최고 지도자가 남한 땅을 밟은 것도 처음 있는 일이었습니다.

벙커에서 본 한반도 DMZ

군사분계선(MDL)

논에 설치된 남방한계선 표지판

두루미의 다른 이름, 학鶴

두루미는 학의 순우리말입니다. 두루미는 우리나라를 찾는 철새 가운데 가장 기품 있고 아름다운 새로 꼽힙니다. 특히 우리 민족은 예로부터 두루미를 가장 상서로운 새로 생각했어요. 두루미는 몸빛이 눈처럼 희고, 다리와 목이 가늘고 길며, 날아오를 때의 날갯짓은 어느 새보다도 우아합니다.

그런데 왜 두루미라 부르는지 아시나요? '두루루' 운다고 해서 '두루루 우는 이'라는 우리말 뜻이 담긴 이름이랍니다. 두루미의 아름다운 모습과 독특한 울음소리, 그리고 화려한 짝짓기 춤 때문에 우리 민족뿐만 아니라 일본과 중국에서도 신선 같은 새로 여기며 좋아했어요. 두루미는 해·산·물·돌·구름·소나무·불로초·거북·사슴과 함께 십장생十長生 중 하나로 꼽혀 장수와 고고孤高, 우아와 신선의 상징으로 여겨졌지요. 조선시대 왕과 왕세자, 문관의 관복을 장식한 흉배에도 학이 등장합니다.

두루미와 관련된 말도 많습니다. "매우 애타게 기다림"을 의미하는 사자성어인 학수고대鶴首苦待는 두루미가 긴 목을 세워 머리를 치켜들고 주변을 살피는 모습에서 만들어진 말이랍니다. 또 "남편이 노래하면 아내가 따라한다"라는 의미의 부창부수夫唱婦隨는 어떤가요? 남편이 어떤 일을 하고 나서면 아내가 그 일을 도와 서로 협동하고 화합한다는 의미로, 뜻이 잘 맞거나 행동이 일치하는 부부를 가리킬 때 쓰는 말입니다. 두루미 암컷과 수컷은 가끔 함께 합창하며 영역을 과시합니다. 부창부수라는 사자성어도 두루미의 이런 모습에서 만들어졌다고 해요.

두루미는 암수가 똑같이 생겨 구별하기 쉽지 않습니다만, 자세히 보면 수컷이 암컷보다 몸집이 조금 큽니다. 그래서 서너 마리 가족 무리에서 덩치가 큰 두루미를 수컷이라고 보면 됩니다. 두루미는 한번 짝짓기를 하면 평생을 같이 살며 항상 가족 단위로 생활합니다. 여러 무리에서 가족을 지키려는 수컷들의 싸움을 자주 볼 수 있지요. 우아하고 기품 있는 두루미도 싸울 때는 아주 치열합니다. 긴 날개를 퍼덕이며 도움닫기로 날아올라 발차기로 상대를 공격해요. 싸움에서 이긴 수컷은 자기 세력권을 넓혔다는 사실을 울음소

조선 후기 문관 남구만의 초상화와 쌍학 흉배
(국립중앙박물관)

리로 자랑합니다. 수컷이 계속해서 낮고 길게 울면, 암컷은 수컷의 울음 한 마디마다 한 차례씩 짧고 높은 소리로 응답합니다. 겨울이 되면 민통선 벌판에는 이런 부부 두루미의 합창이 메아리칩니다.

재두루미도 먹이의 종류나 가족 단위로 생활하는 습성은 두루미와 같습니다. 그래서 재두루미와 두루미가 가끔 싸우기도 하는데요. 몸집이 두루미보다 작은 재두루미는 가족을 지키기 위해서라면 목숨을 건 싸움도 마다하지 않습니다. 재두루미는 앞차기나 부리로 공격해 오는 두루미를 피하는 대신, 재빠른 몸짓으로 두루미의 빈틈을 노리는 공격을 합니다. 수컷 재두루미가 싸우는 동안 암컷 재두루미는 뒤에서 큰 울음소리로 남편을 응원합니다. 재두루미는 몸집이 작다 보니 열 번 싸워야 한 번 이길까 말까 하지만, 어쩌다 한 번 이기면 온 가족이 날개를 활짝 펼치고 긴 부리는 뒤로 젖히는 등 특이한 과시행동을 보이죠. 이렇게 재두루미와 두루미가 서로 돕거나 싸우는 광경은 세계에서 오직 민통선과 비무장지대에서만 볼 수 있습니다.

두루미의 합창

두루미와 재두루미의 싸움

민간인 통제구역 DMZ와 땅굴

DMZ에는 민간인이 들어갈 수 없습니다. DMZ에 가기 위해서는 민간인 통제구역 검문소를 통과해야 하는데, 이곳에서 민간인과 군인 신분으로 나뉘게 됩니다. 우리가 DMZ에 다녀왔다고 말하면, 대부분 민통선을 지나 각 전방부대가 관할하는 DMZ 전망대에서 비무장지대를 보고 왔다는 의미입니다. 지역마다 다르지만 각 전방부대는 검문소를 운영하고 있고, 시나 군이 운영하는 민통선 관광안내소에 사전 신청을 하면 공개된 민통선 주요 관광지와 전망대, 땅굴 등을 견학할 수 있어요.

땅굴 이야기를 좀 해 볼까요? 땅굴은 남북 대립의 슬픈 산물입니다. 북한이 남한을 기습할 목적으로 휴전선 비무장지대 지하에 파 놓은 군사용 통로를 땅굴이라고 합니다. 1970년대, 북한은 땅 위에서는 대화를 나누는 척하면서 보이지 않는 땅 밑으로는 남침을 목적으로 굴을 파고 있었답니다. 현재 비무장지대 전역에 걸쳐 20여 개가 있을 것으로 추정하고 있습니다.

서부전선에서 동부전선까지, 북한이 남침용으로 판 땅굴은 현재까지 모두 네 개 발견되었습니다. 제1땅굴은 1974년 1월 15일, 연천군 백학면의 고랑포에서 동북쪽으로 8킬로미터 지점, 군사분계선 남쪽으로는 약 1.2킬로미터 지점에서 발견되었습니다. 수색대 병사들이 땅에서 수증기가 올라오는 것을 수상히 여겨 찾게 되었다고 해요. 이 땅굴은 너비 90센티미터, 높이 1.2미터, 길이 약 3.5킬로미터로, 지하 45미터 깊이에 콘크리트 슬래브콘크리트를 부어 한 장의 판처럼 만든 구조물 구조로 되어 있습니다. 한 시간에 한 연대 이상의 무장 병력이 이동할 수 있는 규모라고 해요. 비무장지대 안에 있어 현재는 민간인에게 공개하지 않습니다.

제2땅굴은 1975년 3월 19일, 철원에서 북쪽으로 13킬로미터 지점,

군사분계선 남쪽으로는 900미터 지점에서 발견되었습니다. 초병이 경계 작전을 서던 중, 지하에서 들리는 폭발음을 듣고 근처를 굴착한 끝에 찾아냈다고 합니다. 너비 2미터, 높이 2미터, 길이 약 3.5킬로미터 규모이며 지하 50~160미터 깊이에 있습니다. 단단한 화강암층을 뚫어 만들었는데, 제1땅굴보다 다섯 배 정도나 커서 한 시간에 3만 명의 군인들과 차량이 통과할 수 있을 만큼 어마어마한 규모입니다. 이곳은 민간인이 가 볼 수 있습니다.

제3땅굴은 1978년 6월 10일, 파주시 군내면 점원리, 판문점 남쪽 4킬로미터 지점의 비무장지대 안에서 발견되었습니다. 너비 2미터, 높이 2미터, 길이 약 1635킬로미터로 지하 73미터 아래에 있습니다. 크기는 제2땅굴과 비슷하지만, 서울과 가장 가까운 땅굴이라 유사시 가장 위협이 되었을 것이라 합니다. 화강암층을 아치형 모양으로 뚫었으며, 남쪽 출구가 세 갈래로 나누어져 있는 것이 특징입니다.

제4땅굴은 1978년 10월 17일, 양구에서 북동쪽으로 26킬로미터 지점으로 강원특별자치도 양구군 펀치볼마을 해안면에서 발견되었습니다. 너비와 높이가 각각 약 1.7미터, 길이 약 2052킬로미터이며, 깊이는 지하 145미터입니다. 화강암층을 뚫어 만들었으며 국내에서 유일하게 내부 관람용 전동차를 운행하고 있습니다. 슬픈 남북 대립의 산물인 남침용 땅굴은 한반도에서 평화가 얼마나 정착하기 어려운 과제인지를 보여주는 분단의 또 다른 유산입니다.

부부 사랑이 남다른 새

두루미류는 부부가 되면 평생 함께하는 생태적 특징을 가지고 있습니다. 그만큼 고고한 지조의 상징으로 여겨지는데요. 철원 주민들 사이에는 전설처럼 전해지는 두루미 이야기가 있습니다. 재두루미 부부의 애틋한 '순애보'입니다.

　　2005년, 재두루미 암컷 한 마리가 철책에 걸려 왼쪽 날개 세 군데가 부러졌습니다. 철원 두루미 쉼터로 긴급 후송되어 치료받았지만, 안타깝게도 다시 창공을 날 수 없었답니다. 그렇게 홀로 10년 넘게 보호소에서 생활하던 암컷 재두루미는 2018년 1월 철원 민통선에서 구조된 재두루미 수컷과 만납니다. 재활 치료를 받던 수컷 재두루미는 곧 건강을 되찾았고, 암컷 재두루미와 부부의 연을 맺게 되었지요. 사람들은 수컷 재두루미에게 '철원이', 암컷 재두루미에게 '사랑이'라는 이름을 지어 주었습니다.

　　2020년, 이 재두루미 부부 '철원이'와 '사랑이'는 두루미 쉼터에서 짝짓기를 했습니다. 번식기를 맞아 '사랑이'는 알 두 개를 낳아 포란부화하기 위하여 암컷이 알을 품어 따뜻하게 하는 일에 들어갔지만, 부화에는 성공하지 못했어요. '철원이'는 아내 '사랑이'가 날지 못하자 두루미 쉼터에서만 생활하며 함께 겨울을 났습니다.

　　원래 두루미들은 해마다 3월이면 러시아와 중국 번식지로 돌아가는데, 번식에 실패하자 '철원이'는 6월 17일이 되어서야 번식지로 이동했습니다. 'K02'라는 발가락지와 위치 추적 장치를 달고 떠난 '철원이'가 번식지인 중국에 무사히 도착한 사실까지 확인했습니다. '철원이'가 떠난 뒤, '사랑이'는 그해 여름과 가을을 두루미 쉼터에서 혼자 보냈답니다.

그러던 11월 12일, '사랑이'에게 반가운 손님이 찾아왔습니다. 남편 '철원이'가 오자마자 '사랑이'가 있는 철원 민통선 두루미 쉼터로 날아든 것입니다. 다시 재회한 재두루미 부부, '철원이'와 '사랑이'는 덩실덩실 반가운 춤을 추었고, 이 광경을 목격한 사람들은 너무나 감동했다고 해요. 40여 년 동안 두루미 보호 봉사활동을 해 온 한국두루미보호협회 철원군지회 백종한 회장은 "두루미는 한번 짝을 맺으면 평생 같이 산다는 이야기는 들었는데, 직접 보니 너무 신기하고 아름답다"며 환한 웃음을 지었습니다.

오래전 또 다른 두루미 순애보도 전설처럼 전해지고 있습니다. 어느 해 겨울, 두루미 한 쌍이 시베리아의 혹독한 추위를 피해 철원으로 날아왔습니다. 남편 두루미가 긴 여행 끝에 죽자, 아내 두루미는 황량한 철원 민통선 들판에서 7일 밤

철원이와 사랑이의 알

분단선에서 생명선으로

하늘을 나는 두루미 부부

낮을 먹지도 않고 울부짖다가 결국 남편 옆에 탈진해 쓰러졌지요.

처음 이 두루미 부부를 발견한 사람은 전방 수색중대 군인들이었습니다. 군인들은 두루미 한 마리가 같은 장소를 계속 맴돌다 쓰러지자, 한국조류보호협회 철원지회에 이 사실을 알렸습니다. 조류보호협회 회원들이 달려왔을 때 수컷 두루미는 이미 죽었고, 그 옆에서 암컷 두루미가 눈을 감고 탈진한 채 신음하고 있었답니다. 사람들은 아내 두루미가 남편 두루미의 임종을 지키며 자신도 남편처럼 죽음을 기다렸다고 생각했습니다. 한국조류보호협회로 긴급 후송된 이 두루미는 협회의 극진한 간호를 받고 한 달이 지나서야 겨우 건강을 회복했다지요.

한국조류보호협회 회원들은 남편과 사별한 아내 두루미를 번식지인 러시아 한카호로 보내기로 하고, 발목에 'SEOUL KOREA. 1993 1 7. KBTA'라고 새긴 알루미늄 가락지를 달아 주었습니다. '1993년 1월 7일, 한국 서울에서 한국조류보호협회가 치료해 보냈다'는 표식이었지요. 드디어 건강을 회복한 아내 두루미를 방사하던 날! 우리에서 나온 두루미는 지극 정성으로 자신을 돌보아 준 사람에게 다가가 긴 부리로 손바닥을 툭툭 쪼았다네요. 마치 "그동안 보살펴 주어서 감사합니다"라며 인사라도 하는 것처럼요. 그러고는 자신을 환송하기 위해 모인 200여 명의 한국조류보호협회 회원들이 모인 자리를 맴돌았다고 해요. 파란 하늘에 원을 다섯 바퀴나 그린 뒤에야 흰 점이 되어 북쪽 하늘로 날아갔답니다.

그날 이후 한국조류보호협회 회원들은 해마다 두루미가 찾아오는 11월 초순이 되면, 죽은 남편 두루미를 끔찍이도 사랑했던 그 주인공을 찾기 위해 드넓은 철원평야를 헤맸지만, 아내 두루미를 발견하지는 못했다고 합니다. 이 두루미 순애보 역시 새를 좋아하는 사람들에게 지금까지도 아름다운 전설처럼 전해지고 있습니다. 한번 부부의 연을 맺으면 죽을 때까지 평생을 함께한다는 두루미! 그 아내 두루미는 어디에 있을까요? 해마다 겨울이 오면 철원 민통선으로 탐조를 나서게 되는 이유이기도 합니다.

철원이와 사랑이

날카로운 부리와 발톱으로 작은 새를 잡아먹거나 물고기나
작은 동물을 사냥하는 새를 맹금류라고 해요. 국내에서 관
찰되는 맹금류는 모두 50여 종에 달합니다. 용맹함과 위용
을 갖춘 천연기념물 제243호 참수리는 맹금류 가운데 가장
큽니다. 민통선과 DMZ를 찾아오는 참수리는 전체 길이가
85~105센티미터, 날개를 펼치면 200~230센티미터나 된답니
다. 몸집은 참수리보다 독수리가 더 크지만, 짐승의 시체나 죽
어 가는 짐승 등을 먹이로 하는 독수리와는 달리 참수리는 직
접 먹이를 사냥하기 때문에 가장 큰 맹금류이자 하늘의 제왕
으로 꼽힙니다.

　　참수리의 생김새를 한번 살펴볼까요? 참수리는 선명한
노란색을 띤 커다란 부리와 쐐기 모양의 흰색 꽁지를 가지고
있어요. 윗부리 끝은 갈고리 모양이며, 부리 옆면은 칼날처럼
매우 예리해 오리나 기러기 같은 조류의 살을 찢거나 물고기
를 사냥하기에 좋습니다. 국제자연보전연맹은 전 세계에 참수
리가 5000마리 정도 서식한다고 보고 국제적으로 보호하고
있습니다.

　　혹시 경찰 표식에 있는 새가 참수리라는 사실을 알고 있
나요? 참수리의 위엄과 기품을 경찰의 상징으로 형상화했다고
해요. 부리의 형태를 사실적으로 표현하여 강하고 용맹스러움

참수리

흰꼬리수리

을 강조했고, 먼 곳에서도 먹이를 잘 찾아내는 눈은 국민의 치안을 세심하게 살피는 경찰의 예리한 통찰력을 표현했다고 합니다.

우리나라에는 참수리 외에 흰꼬리수리도 있습니다. 흰꼬리수리는 몸이 전체적으로 갈색이고 꼬리만 흰색이며, 부리는 검은색인 것이 특징입니다. 주로 해안, 하구, 개활지_{앞이 막히지}않고 탁 트여 시원하게 열려 있는 땅에서 서식하며 큰 물고기와 흰뺨검둥오리 등의 물새를 잡아먹고 삽니다. 흰꼬리수리가 사냥을 시작하면, 무리를 이루어 자맥질하던 물새들이 한꺼번에 날아올라 안전한 곳으로 대피합니다. 이처럼 쫓고 쫓기는 먹이사슬의 생태계가 생생하게 존재하는 곳이 바로 DMZ입니다.

임진강과 한탄강에는 습지 생태계의 최후 포식자인 흰꼬리수리가 찾아와 겨울을 보냅니다. 천연기념물 제243호 흰꼬리수리는 습지의 환경 상태를 파악할 수 있는 깃대종_{특정 지역의}생태계를 대표할 수 있는 주요 동식물으로, 환경부가 멸종위기 야생생물로 지정하여 보호하고 있습니다. 이밖에 매서운 눈과 부리, 발톱을 가지고 있는 고독한 사냥꾼 말똥가리도 겨울에 우리나라를 찾아와 겨울을 나고 이듬해 봄에 번식지로 돌아갑니다.

텃새 맹금류에는 매 종류가 있습니다. 참매를 비롯해 올빼미와 긴점박이올빼미, 붉은배새매와 황조롱이, 작은 맹금류인 때까치 등이 있습니다. 매 종류 가운데 베일에 가려 있던 참매의 생태에 관한 비밀이 밝혀진 지는 얼마 되지 않았습니다. 그동안 우리나라에서는 드물게 관찰되던 겨울 철새로 분류되었는데, 번식 모습이 포착되면서 텃새로 분류되었지요. 2006

원앙 암컷을 사냥하는 참매

새끼에게 먹이를 먹이는 참매

년, 충청북도 충주에서 국내 최초 번식이 확인되었고, 2009년 충청남도 공주에서도 번식이 확인되었습니다. 이렇게 번식한 일부 참매가 강원특별자치도, 충청남도 공주와 연기, 충청북도 남한강 인근 지역의 산림지대에서 번식하는 모습도 확인되었습니다. 2023년에는 경기도 시흥시 관곡지 건너편 야산에서도 번식지가 확인되었죠. 우리나라 도심 숲이 울창해지면서 참매가 서식할 수 있는 자연조건이 형성되고 먹이사슬이 살아나고 있음을 보여 줍니다.

강원특별자치도 양구 민통선 농경지에서는 참매가 원앙 암컷을 사냥하는 진귀한 모습도 관찰되어 비무장지대에도 적지 않은 개체 수가 서식할 가능성이 높다고 추정할 수 있습니다. 붙잡힌 원앙 암컷은 벗어나려고 몸부림쳐 보지만 그럴수록 참매의 날카로운 발톱은 몸속을 파고듭니다. 참매의 날카로운 발톱에 걸리면 원앙 같은 사냥감은 벗어날 수 없습니다. 북한은 국가를 상징하는 국조國鳥로 참매를 지정해 보호하고 있습니다. 북한의 국가원수 전용 비행기의 이름이 바로 '참매 1호'입니다. 북한은 참매 1호기와 참매 2호기를 함께 운용하는 것으로 알려졌는데, 이 같은 내용은 2015년 7월 31일 북한 〈노동신문〉 보도에서 처음 공개되었습니다.

여름에 찾아오는 맹금류로는 한여름 밤 DMZ 적막 산중에서 '소쩍소쩍' 울며 풍년을 기원하는 소쩍새와 큰소쩍새, 새호리기 등이 있습니다. 겨울 철새로는 참수리, 독수리, 흰꼬리수리, 칡부엉이, 쇠부엉이 등이 있습니다.

1. 솔부엉이 2. 붉은배새매 3. 소쩍새 4. 큰소쩍새 5. 쇠부엉이 6. 칡부엉이 7. 때까치

독수리

분단된 하늘을 자유롭게 선회하는 거대한 새가 있습니다. 바로 독수리입니다. 새들의 제왕이라 불리는 독수리는 겨울에 찾아와 우리나라에서 겨울을 나고 이듬해 봄이면 번식지로 이동하는 겨울 철새입니다. 몽골에서 번식을 마친 독수리들은 한겨울이면 철원 민통선을 비롯해 양구, 인제, 파주, 연천 지역을 찾아옵니다. 1990년대 이전에는 독수리 개체 수가 그리 많이 관찰되지 않았습니다. 그러다가 독수리들의 주요 월동지였던 철원 민통선에서 먹이 주기 활동을 지속하면서 많이 보이기 시작했지요. 철원 돼지 농장에서 죽은 돼지나 소 등을 논에 놓아 두면 그 근방에 있던 독수리들이 날아와 굶주린 배를 채웁니다.

독수리들은 힘센 녀석들이 먼저 먹이를 먹습니다. 서로 먹으려고 긴 날개를 펼치고 발톱을 이용해 싸우기도 합니다. 독수리들은 죽은 동물의 뼛속에 머리를 박고 골수나 살을 뜯어 먹습니다. 독수리의 '독禿'자는 대머리를 의미합니다. 즉, 독수리는 머리의 일부가 대머리거나 민머리인 새라는 뜻입니다. 머리를 박고 먹이를 먹다 보니 목의 깃털이 별로 없는 상태로 진화해 바람이 불면 맨살이 다 보입니다.

새로 태어나 처음 월동지로 날아온 어린 독수리들은 토교저수지 언덕에 앉아 하루 종일 자기 먹이 차례를 기다립니다. 무리를 이루어 까치와 까마귀가 텃세를 부리느라 앉아 있는 독수리를 뒤에서 공격하는 진풍경도 벌어지고, 흰꼬리수리 새끼와 먹이를 놓고 다툼을 벌이기도 합니다.

독수리는 카메라의 망원렌즈처럼 멀리 있는 작은 물체도 알아볼 수 있는 눈을 가지고 있어 죽은 동물을 쉽게 발견할 수 있습니다. 후각도 매우 발달해 사체 썩는 냄새를 맡고 먹이를 찾아내기도 합니다.

월동지에서 영양을 충분히 공급받으면 독수리의 번식력도 높아지죠. 한동안 한반도에서 월동하는 독수리 개체 수가 해마다 증가 추세를 보였습니다. 어쩌면 독수리들 사이에 한반도 민통선과 DMZ에 가면 겨우내 푸짐하게 먹을 수 있다는 소문

독수리

이 퍼졌는지도 모릅니다. 특히 번식에 성공한 어미 독수리들은 새끼들을 데리고 한반도 비무장지대를 가야 혹독한 겨울을 따뜻하게 날 수 있다고 생각하는지도 모르겠네요.

천연기념물 제243호로 지정된 독수리는 매목 수릿과에 속하는 새입니다. 몸집이 크고 전체적으로 어두운 갈색을 띱니다. 활짝 펴면 길이가 3미터나 되는 두 날개로 하늘을 선회하다 먹잇감을 보면 바로 큰 날개를 접고 내려앉습니다. 독수리는 '새들의 황제'라 불리지만 사실은 사냥 능력이 없어서 죽은 짐승의 사체를 뜯어 먹고 살기 때문에 '자연 생태계의 청소부'라는 별명이 있지요.

독수리는 전 세계에 2만 마리가량 서식하고 있는데, 이 가운데 10퍼센트 정도인 2000여 마리가 철원과 파주 민통선 지역, 먹이 주기 활동이 지속되는 경남 고성에서 겨울을 나고 있습니다. 한반도에서 겨울을 보낸 독수리들은 번식지로 돌아가 3~4월 무렵에 알을 낳습니다. 그리고 부화한 새끼 독수리는 몽골에 매서운 추위가 몰려올 무렵이면 겨울을 나기 위해 다시 한반도에 찾아옵니다. 파란 겨울 하늘을 선회하며 먹이를 찾아다니는 독수리의 멋진 비행을 우리가 볼 수 있는 것은 DMZ 보호 활동을 펼치고 독수리 먹이 주는 일을 계속해 온 주민들의 노고 덕분이지요. 그들이 귀한 맹금류들이 살아가는 자연 생태계를 다시 살려 냈습니다.

철원의 독수리 월동지

날개를 펼친 독수리

수리부엉이

세계지질공원이 된 한탄강의 계곡 곳곳은 멸종위기에 처한 수리부엉이에게는 천혜의 번식지입니다. 왜냐하면 높은 바위 위 평평한 공간은 수리부엉이가 새끼를 안전하게 낳고 키우기 좋은 장소이기 때문입니다. 수리부엉이는 주로 밤에 활동하는 야행성 맹금류입니다. 한국에는 소쩍새, 큰소쩍새, 올빼미, 수리부엉이 등 11종의 올빼미목이 서식하는 것으로 알려져 있는데, 그중 수리부엉이가 가장 크고 위협적이어서 '밤의 호랑이' 또는 '밤의 제왕'으로 불립니다. 올빼미목은 크게 부엉이류와 올빼미류로 나눌 수 있는데, 수리부엉이나 소쩍새처럼 머리에 뿔처럼 길게 난 귀뿔깃이 있으면 부엉이, 올빼미나 솔부엉이처럼 귀뿔깃이 없는 것은 올빼미류에 속합니다.

수리부엉이는 사람이 가까이 갈 수 없는 험한 절벽이나 바위틈에 둥지를 틀고, 두세 개의 알을 낳습니다. 새끼가 알을 깨고 나오면 아빠 수리부엉이는 사냥을 담당하거나 둥지 주변 나뭇가지에 앉아 경계 활동을 벌입니다. 낮에는 거의 활동하지 않는 수리부엉이는 해 질 녘에 깃털을 다듬고, '부우' 하는 소리를 내며 암컷을 부릅니다. 암컷은 '우엉' 하는 소리로 응답하며 서로 신호를 주고받지요. 어미 수리부엉이는 수컷이 잡아 온 쥐나 작은 새, 꿩과 토끼 같은 먹이를 잘게 찢어 새끼들에게 먹입니다. 수리부엉이는 해 질 무렵부터 사냥을 시작하는데, 새끼가 갓 태어나면 들쥐 등을 잡아 오다가 새끼가 자랄수록 큰 사냥감을 물어옵니다.

수리부엉이는 목뼈가 14개나 있어서 몸체를 움직이지

수리부엉이 번식지

수리부엉이 얼굴

않고도 머리만 270도 돌려 사방을 볼 수 있다고 합니다. 또 보통의 새들과는 달리 비행할 때 소리가 거의 나지 않습니다. 깃털 가장자리에 미세하고 부드러운 솜털이 조밀하게 나 있어 깃털에서 나는 소리를 흡수하기 때문이지요. 뛰어난 청각과 시각, 비행 기술로 먹잇감을 포획하고 나면 날카로운 발톱과 부리로 사냥을 마무리합니다. 발가락으로 한번 움켜쥐면 절대로 먹이를 놓치지 않는다고 해요. 발과 발가락뼈에 연결된 힘줄이 발톱으로 먹이를 강하게 쥘 수 있게 해 주기 때문이지요. 옛말에 수리부엉이 둥지를 발견하면 횡재한다고 했어요. 수리부엉이 둥지 주변에서 꿩이나 산토끼를 힘들이지 않고 주워 올 수 있어 생겨난 말이라고 하네요. 몸길이 70센티미터의 대형 조류인 수리부엉이의 깃은 붉은 갈색 또는 엷은 갈색이며 검은 세로줄 무늬가 나 있습니다. 머리 양쪽에는 귀 모양의 털이 나 있어 기품을 더하죠. 특히 귀 주변에 길게 뻗은 깃은 올빼미와 확실하게 구분할 수 있게 해 준답니다.

올빼미

이번에는 올빼미 이야기를 해 볼까요? DMZ를 지키는 병사들은 해 질 녘이면 경계작전에 나섭니다. 어둠이 내릴수록 병사들은 작은 소리와 움직임에도 촉각을 곤두세우기 마련이지요. 특히 겨울이 지나고 봄이 되면 병사들을 긴장시키는 새가 있습니다. 바로 야행성 조류인 올빼미입니다. 암컷 올빼미의 '에앵, 에앵' 하는 독특한 울음소리는 마치 아기 울음소리와 비슷해 병사들을 당황하게 합니다. 또 '케~웩' 하거나 '후우 우후후

둥지로 돌아오는 올빼미

어린 올빼미

후' 하는 소리도 내는데, 이럴 때마다 경계작전에 나선 병사들은 긴장합니다. 수컷 올빼미도 가세해 '우~후, 우우우' 하며 암컷 올빼미와 애정을 표현합니다.

밤에만 활동하는 올빼미는 전체 길이가 약 38센티미터로, 황갈색 몸에 세로로 얼룩진 무늬가 있습니다. 둥근 머리에 귀깃이 없어 수리부엉이와 구분되지요. 올빼미는 나무 구멍에 둥지를 틀고 번식하는 텃새로, 주변의 위협이 없다면 번식했던 나무 둥지를 계속 이용합니다. 올빼미는 밤에 활동하기 좋게 진화한 조류입니다. 비대칭 귀와 둥근 얼굴을 이용해 청각 정보를 입체적으로 구성하는데요. 그 덕분에 방향감각을 유지하며 작은 소리도 잘 들을 수 있다고 합니다. 또 사냥하기 좋게 진화한 발톱과 부리뿐만 아니라 날개와 다리, 발에도 솜털이 많아서 비행할 때 소리가 나지 않습니다.

암컷과 수컷은 울음소리로 의사소통합니다. 수컷 올빼미가 먹이를 받으러 나오라고 소리를 내면, 새끼를 돌보던 암컷 올빼미는 그제야 둥지를 나섭니다. 수컷 올빼미는 사냥에 전념하고 암컷 올빼미는 보육을 담당하는 것이지요. 수컷 올빼미는 해가 지면 먹이 사냥을 시작해 늦은 새벽까지 서너 번 먹이를 잡아 암컷에게 전달합니다. 특히 새끼가 알에서 깨어나는 4월 초순이면 지뢰밭의 밤은 사냥에 나선 올빼미의 날갯짓으로 분주해집니다. 낮에 어미가 둥지를 떠나면 아직 날지 못하는 새끼 올빼미들은 나뭇가지에 앉아 어둠이 올 때를 기다립니다. 어미가 먹이를 갖고 올 때까지 새끼들은 목석같이 움직이지도 않고 기다리죠. 어미 올빼미가 먹이를 잡아 오면 새끼는 작은

날개를 푸드덕거
리며 입을 벌려 먹
이를 받아먹습니다.
이렇게 새끼는 자연에서

올빼미의 먹이 사냥

살아가는 방법을 배웁니다.

올빼미와 비슷하게 생긴 긴점박이올빼미도 DMZ 산악
지역에서 드물게 볼 수 있습니다. 아직 천연기념물로 지정되
지는 않았지만 멸종위기 야생생물 2급으로 지정되어 보호받
는 귀한 텃새입니다. 우리나라에서는 매우 보기 드문 텃새인
긴점박이올빼미는 몸길이가 61센티미터로 암수를 구별할 수
있는 별다른 특징은 없고, 몸 전체에 어두운 갈색의 넓은 세로
줄 무늬가 있으며, 가슴의 바탕색은 흰색입니다. 백두산을 비
롯해 중국 북부, 일본과 시베리아 고산지대에 서식하는데, 우

리나라에서는 오대산과 가평의 한 야산에서 번식이 확인되었습니다. 전 세계적으로 1만1000~1만4000쌍이 번식한다고 알려져 있습니다. 국제자연보전연맹의 적색자료집Red List, 세계에서 가장 포괄적인 지구 동식물 종의 보전 상태 목록에는 관심대상종LC, Least Concern으로 분류되어 있습니다.

텃새인 올빼미가 번식을 마치고 나면 여름 철새인 솔부엉이가 우리나라를 찾아옵니다. 솔부엉이는 올빼미의 번식 장소인 나무 구멍을 보수해 둥지로 이용합니다. 6월부터 두세 개의 알을 낳는 솔부엉이도 25일 정도 알을 품어 새 생명을 탄생시킵니다. 솔부엉이는 주로 곤충을 잡아 새끼에게 먹입니다. 나무 구멍을 번식지로 함께 이용하는 올빼미와 솔부엉이는 상생과 공존의 방법을 터득하여 자연에서 살아가고 있습니다. 올빼미 같은 맹금류는 생태계의 최후 포식자입니다. 이들이 사계절 내내 존재한다면 그곳의 생태계는 아직까지 건강하다고 볼 수 있겠지요.

긴점박이올빼미 둥지

어린 긴점박이올빼미

비무장지대의 네 구역

우리나라의 DMZ는 크게 서부전선, 중부전선, 중동부전선, 동부전선 이렇게 네 구역으로 나눌 수 있습니다. 그중 서부전선은 '서해 5도'라 불리는 백령도, 대청도, 소청도, 대연평도, 소연평도를 포함해 갯벌로 유명한 강화도에서부터, 김포, 한강하구, 임진강하구, 그리고 공동경비구역이 있는 파주, 문산, 연천까지 포함됩니다. 특히 서해 5도는 항상 남북이 대립할 가능성이 높은 곳이에요. 남북이 화해하고 협력하기 위해 노력하는 중에도 2002년 서해교전이 일어났고, 2010년 3월 26일에는 북한의 천안함 피격사건이 벌어지기도 했습니다.

바다에는 육지처럼 철책을 설치할 수 없어서 남한과 북한이 실질적인 해상경계선인 북방한계선 NLL Northern Limit Line을 정해 놓고 대치하고 있습니다. 그러나 남북이 서로 주장하는 선의 경계가 달라 늘 충돌의 소지가 있지요. 교전의 가능성이 큰 서해 5도는 사실상 한반도의 허리에 해당하지만, 안타깝게도 남북이 갈라지면서 남한의 최북단 섬들이 되고 말았습니다. 이렇듯 서해에는 우리 눈에는 보이지 않지만, 이념 때문에 남북이 나누어지면서 그어 놓은 온갖 선이 복잡하게 얽혀 있습니다.

서해 5도에서 내륙으로 들어와 강화도를 지나면 강에서 DMZ를 만나게 됩니다. 한강과 임진강의 그리 넓지 않은 강폭이 남과 북의 비무장지대 역할을 대신하고 있어요. 높은 산보다 강과 평야 지대가 많은 서부전선은 다른 곳보다 유난히 남북의 거리가 가까워 그만큼 팽팽한 긴장감이 감돕니다.

1970년대까지만 하더라도 서부전선에는 서해의 밀물과 썰물 차가 큰 것을 이용해 북쪽의 무장 간첩 침투가 끊이지 않았습니다. 그래서 아직도 우리 군인들은 북쪽의 작은 움직임도 날카롭게 지켜보면서, 항상

서부전선

중부전선

동부전선

유사시를 대비해 경계 작전에 임하고 있습니다. 언제쯤이면 남과 북이 서로 감시와 경계를 중단하게 될까요. 서해를 붉게 물들이며 저물어 가는 해를 바라보며 하루빨리 그런 날이 오기를 기원해 봅니다.

임진강과 한강하구를 지나면 서부전선은 파주와 문산, 연천으로 이어집니다. 특히 파주와 문산의 DMZ는 서울에서 차로 불과 1시간 거리밖에 되지 않습니다. 2000년 남북정상회담 이후 복원공사를 시작한 서울과 신의주를 잇는 경의선 철도도 이 지역을 통과합니다. 경기도 최북단의 연천에는 서부전선에서 최고의 높이를 자랑하는 태풍전망대가 있습니다. 파주와 문산, 연천 지역은 휴전협정이 이루어진 판문점을 비롯해 한국전쟁과 관련된 의미 있는 유적이나 관광지가 많은 곳이기도 합니다. 전쟁의 흔적이 곳곳에 많은 만큼 이 지역을 지키는 병사들도 항상 경계 태세를 철저히 갖추어 북쪽의 움직임을 주시하고 있습니다. 서부전선은 저지대와 평지가 많아 습지가 발달하고 생물 다양성이 풍부한 지역입니다. 특히 백두대간, 도서 연안 습지와 더불어 동서를 연결하는 한반도의 3대 핵심 생태 축이기도 합니다.

중부전선은 바다가 없어 서부전선과는 다른 지형적 특징을 갖고 있습니다. 드넓은 평야와 낮고 높은 산세를 따라 철책선이 끝없이 이어지는데요. 철의 삼각지대가 있는 철원, 평화의댐이 있는 화천, 남한에서 열목어가 가장 많이 사는 양구, 향로봉이 있는 인제 등이 크게 보면 중부전선에 해당합니다. 그러나 워낙 면적이 넓어서 철원 지역만 따로 중부전선이라 부르고, 강원특별자치도 화천·양구 등을 중동부전선이라 합니다.

중부전선은 군사분계선 너머로 북한군을 볼 수 있고, 남북한 사이에 끊임없는 경계와 감시가 이루어지는 곳입니다. 하지만 이런 위험한 현실과 달리 꿋꿋하게 생명을 이어 가는 많은 야생동물을 만날 수 있습니다. 분단이 만들어 낸 상처 속에서도 자유로움을 만끽하는 동물들의 모습에서 머지않아 평화가 찾아올 것이라는 희망의 메시지를 읽을 수 있습니다.

동부전선은 비무장지대 중에서 가장 험난한 지역입니다. 양구 펀치볼마을이 한눈에 내려다보이는 을지전망대부터 붉은 아침 해가 솟아오르는 동해까지가 동부전선 비무장지대입니다. 동부전선 지역은 산세가 험하고 숲이 울창해 중대형 포유동물의 서식 밀도가 높고 다양한 식물이 살고 있습니다. 특히 겨울이 되면 폭설이 내리는 곳으로 유명합니다. 한겨울, 하루 만에 2미터가 넘는 눈이 쌓이면 세상은 온통 하얀 겨울 왕국이 됩니다.

한반도를 흐르는 강은 대부분 서해로 흘러가고, 오직 북쪽의 두만강과 남쪽의 인제 남강만이 동해로 흘러갑니다. 금강산에서 발원한 남강은 DMZ를 거쳐 동해로 흐릅니다. 고성 건봉산의 고진동 계곡과 오소동 계곡이 남강으로 흘러드는데, 그 물이 어찌나 깨끗한지 1급수에만 산다는 쉬리나 금강모치, 산천어 등 귀한 민물고기들을 쉽사리 발견할 수 있습니다.

동서로 248킬로미터 군사분계선이 끝나는 곳, 1292번째의 팻말을 끝으로 더 이상 팻말을 세울 수 없는 동부전선 끝자락에서 동해 쪽으로 이동하면 금강산 감호가 한눈에 들어옵니다. 호수지만 바다의 영양분인 플랑크톤이 풍부해 바닷고기와 민물고기가 한데 어우러져 살아가는 금강산 감호는 철새들의 보금자리가 되기도 합니다.

질척질척한 갯벌을 싫어하는 사람도 있겠지만, 갯벌은 바다 생
태계에 없어서는 안 될 아주 중요한 곳입니다. 우선 갯벌은 도
요 같은 바닷새들에게 갯지렁이와 작은 게 등의 먹이를 제공
합니다. 무엇보다 갯벌은 정수기 필터처럼 오염된 강물을 정화
하는 역할을 합니다. 바다 생태계가 건강하게 유지되려면 갯벌
이 반드시 필요해요.

강화갯벌은 강화도 남서부 지역을 비롯해 석모도, 불음
도, 주문도 등 주변의 섬 일대까지 105제곱킬로미터에 이릅니
다. '생명체의 천국', '살아 있는 생물도감'으로 불릴 만큼 많은
철새가 강화갯벌로 찾아오지요. 강화갯벌은 그 가치를 인정받
아 2000년 천연기념물 제419호로 지정되었습니다.

강화갯벌이 중요한 이유 중 하나는 갯벌을 생명의 터전
으로 삼는 새들 때문입니다. 특히 천연기념물 제205호인 저
어새는 강화도 인근 해상 비무장지대를 찾아 알을 낳고 번식
합니다. 사람들의 출입이 통제된 강화도 비무장지대가 멸종위
기에 처한 저어새에게 희망의 땅이 된 것입니다. 먹이가 풍부
해진 강화갯벌은 자연스럽게 이곳을 찾는 새들의 삶의 터전이
되었습니다.

해마다 봄기운이 가득한 4월에 강화도 인근 갯벌이나 논
에 가면 재미있는 부리 모양을 한 철새를 만날 수 있습니다. 꼭

서해 민통선 무인도의 저어새 번식지

먹이를 찾는 저어새

해마다 10월이면 월동지로 이동하기 위해 무리를 이루는 저어새

분단선에서 생명선으로

숟가락처럼 생긴 넓적한 부리를 가진 이 새는 갯벌 속을 휘젓고 다닌다 해서 '저어새'라는 이름이 붙었답니다. 저어새가 먹이를 찾는 모습이 마치 쟁기로 밭을 가는 것처럼 보인다고 해서 '가리새'라 불리기도 합니다.

해안은 하루에 두 번씩 극적인 변화를 일으킵니다. 밀물 때는 물이 모든 것을 덮어 버리고, 썰물 때면 거대한 갯벌이 모습을 드러내지요. 겉에서 보면 갯벌에는 아무런 생물도 존재하지 않을 것 같지만, 그 안에는 게, 조개, 새우, 벌레 같은 작은 생명이 가득합니다. 저어새, 도요, 물떼새 등이 바로 이런 생물을 먹고 살아갑니다.

갯벌에서 먹이를 찾는 저어새는 밀물과 썰물의 시간대를 잘 알고 행동합니다. 썰물 때는 물골밀물과 썰물의 흐름이 세찬 곳에 나가 먹이를 찾다가, 밀물 때가 되면 갯벌 끝으로 물 마중을 나가서 바닷물에 딸려오는 먹이를 잡아먹습니다. 사실 저어새는 다른 새들보다 사냥 능력이 떨어집니다. 부리가 뭉툭해서 먹이를 잘 잡을 수가 없으니 마냥 부리로 갯벌을 휘휘 젓다가 운 좋게 걸리는 물고기가 있으면 잡아먹는 정도입니다. 그러니 이 솜씨 없는 사냥꾼은 다른 새들보다 먹이 사냥에 더 열중할 수밖에 없지요.

쉼 없이 물속을 헤집는 저어새 주변으로 종종 백로를 관찰할 수 있습니다. 저어새의 부리질에 놀란 물고기들이 수면으로 떠오르거나 튀어 오르면, 백로는 그때를 놓치지 않고 잽싸게 먹이를 낚아챕니다. 그렇다고 백로가 얌체 짓만 하는 것은 아닙니다. 주위를 살피다가 위협을 느끼면 큰 소리를 내며 다

노랑부리저어새

번식을 위해 보금자리를 만들고 있는 저어새 암수

른 곳으로 이동하는데요. 그때 물속에 부리를 박고 고기잡이에만 열중하던 저어새도 고개를 들어 주변을 확인합니다. 서로 먹이를 구하면서도 서로 부족한 부분은 도움받으며 함께 살아가는 셈이지요.

저어새 부리를 보면 나이를 알 수 있어요. 어릴 때는 부리가 미끈하다가 나이를 먹고 번식기가 되면 부리에 물결무늬 주름이 생긴답니다. 보통 서너 살이 되면 부리의 약 3분의 2 정도에 주름이 생기고, 다섯 살이 되면 부리 전체가 주름으로 뒤덮인다고 해요.

전 세계적으로 4200여 마리밖에 남지 않은 저어새는 심각한 멸종위기에 놓여 있어 국제적인 보호를 받습니다. 그동안 저어새의 주요 번식지가 알려지지 않았는데, 최근에 강화군 서도면이나 석도 등 서해안의 무인도가 번식지라는 사실이 밝혀져 전 세계 조류 연구가들의 관심을 끌고 있습니다.

팽팽한 긴장감이 감도는 서해안의 비무장지대와 갯벌이 귀한 저어새를 지켜 주고 있습니다. 만약 서해안의 비무장지대가 오염되고 갯벌이 더러워진다면 갯벌 생물들도 줄어들 겁니다. 그렇게 된다면 가뜩이나 사냥 실력이 좋지 않은 저어새는 먹이를 잡기가 더 어려워질 것이고, 몇 마리 남지 않은 저어새의 수는 분명 더 줄어들 것입니다. 저어새뿐만 아니라 수많은 철새의 먹이 터전인 갯벌을 지켜야 하는 이유가 여기에 있습니다.

금슬 좋은 부부와 검은머리물떼새

강화갯벌을 비롯해 서해안에서 유심히 관찰해야 볼 수 있는 귀한 새가 있습니다. 천연기념물 제326호 검은머리물떼새입니다. 이마와 목은 검은색이고 눈 밑에 흰색의 작은 무늬가 있어 '검은 정장을 입은 갯벌의 멋쟁이'라는 별명을 갖고 있지요. 특히 주홍빛 눈 테두리 속의 빨간 눈망울은 언제 보아도 구슬퍼 보입니다. 검은머리물떼새는 '조개 사냥꾼'으로도 불리는데요. 부리가 벌어진 조개의 속살을 빼 먹기 좋은 형태로 생겨서 그렇습니다. 주황색 부리는 멀리서 보면 색과 모양이 당근과 비슷하게 생겼습니다.

서해안 어부들 사이에는 검은머리물떼새에 관한 슬픈 전설이 지금도 전해지고 있습니다. 옛날에 한 어부가 바다에 나갔다가 풍랑을 만나 집으로 돌아오지 못했습니다. 부부는 유난히 금슬이 좋았답니다. 그 어부의 아내는 바닷가에서 몇 날 며칠 남편을 기다리다 결국 남편을 따라간다며 바다에 몸을 던졌습니다. 그런데 몇 년 후, 폭풍우와 사투를 벌였던 남편이 구사일생으로 살아서 돌아왔습니다. 하지만 아내가 이미 이 세상 사람이 아니라는 사실을 알고 울부짖다가 그도 슬픔을 이기지 못하고 바다에 몸을 던져 사랑하는 아내의 뒤를 좇아갔습니다. 후에 어부 부부가 몸을 던진 해안에는 이름 모를 새 한 쌍이 나타나 서러운 듯 애틋한 울음을 주고받으며 뜨거운 사랑을 나누었다고 합니다. 어촌 주민들은 조개를 캘 때면 사람 곁으로 가까이 왔다가 얼마 지나 뒤돌아보면 어느 틈엔가 사라지고 없는 이 새들이 보통 새가 아니라 금슬 좋은 부부가 새로 환생했다고 믿고 있습니다.

검은머리물떼새는 서해의 무인도나 작은 섬에서 번식합니다. 이렇다 할 둥지도 없이 모래 언저리에 주변과 비슷한 빛깔의 알 두세 개를 낳고 3주가량 포란하면 새 생명이 태어납니다. 갓 태어난 새끼들은 어미를 따라 바로 물가로 떠나 자연의 한 식구가 됩니다. 새끼들은 자갈이나 바위와 비슷한 회색빛 보호색을 띠기 때문에 어미는 갯벌이나 바닷가 주변 바위에 새끼를 숨겨 놓고 먹이를 잡아다 먹입니다. 검은머리물떼새는 현재 서해의 무인도에서 강화도를 거쳐 북한의 황해도와 평안북도 등지에서 번식하고 있습니다. 주로 연체동물을 먹는데, 게·지렁이·곤충은 물론 작은 물고기나 해초류도 먹습니다. 해안가 주변의 모래사장이 점점 사라지면서 검은머리물떼새의 번식 장소도 위협 받고 있습니다.

알을 품고 있는 검은머리물떼새

검은머리물떼새 어미와 새끼

부리로 이어지는 사랑, 까막딱따구리

'딱따다다 딱따다다' DMZ의 적막을 깨우는 새가 있습니다. 바로 딱따구리들입니다. DMZ와 민통선 숲속에는 여러 종류의 딱따구리가 살고 있습니다. 그중에서도 천연기념물 제242호 까막딱따구리는 몸집이 크고, 수컷의 빨간 머릿깃털은 로마 병정을 연상케 합니다. 기관총 소리 같은 까막딱따구리의 나무 쪼는 소리는 숲이 울릴 정도로 쩌렁쩌렁합니다. 해마다 3월이면 따로 떨어져 살던 암컷과 수컷이 짝짓기하며 번식 작업에 들어갑니다. 4월이 되면 지뢰밭 아름드리나무에 까막딱따구리가 둥지를 만드느라 숲속이 요란하지요. 까막딱따구리 수컷이 먼저 높은 나무 기둥에 50센티미터가 넘는 깊이로 둥지를 파 놓으면, 암컷이 와서 보고 둥지가 마음에 들면 비로소 그곳에서 새 생명 탄생 작업을 시작합니다.

이렇게 구멍을 깊이 파서 보금자리를 만드는 이유는 천적으로부터 새끼들을 보호하기 위해서지요. 포란을 쉽게 할 수 있도록 둥지 밑바닥을 진흙으로 마감하는 지혜도 발휘합니다. 한번 둥지를 만든 까막딱따구리는 큰 환경변화나 위협 요인이 없으면 5년에서 8년쯤 같은 둥지를 사용합니다. 알은 하루에 한 개씩 서너 개를 낳습니다. 암수가 함께 알을 품는 까막딱다구리는 새끼가 태어나면 1시간 30분에서 2시간 간격으로 곤충의 애벌레를 잡아와 새끼에게 먹이며 '부리의 사

새끼에게 먹이를 주는 수컷 까막딱다구리

쇠딱따구리

새끼에게 먹이를 주는 청딱따구리

분단선에서 생명선으로

큰오색딱따구리

오색딱따구리

랑'을 이어 갑니다.

딱따구리류는 자연에서 병든 나무의 외과의사 역할을 하고 있어요. 딱따구리는 긴 부리로 나무를 쪼아 그 속에 든 애벌레를 잡아먹거든요. 그 덕분에 나무와 숲을 건강하게 만드는 데 큰 도움을 준답니다. 이 정도면 생태계 순환의 조절자라 보아도 되겠지요? 까막딱따구리는 시속 24킬로미터로 하루에 만 번이나 나무를 쪼아 벌레를 잡아먹습니다. 1분에 부리를 130번이나 나무에 찍어 대는 셈인데, 이 정도면 머리에 이상이 생기지 않을까 걱정이 되지만 그렇지 않습니다. 딱따구리의 머리뼈와 뇌 사이에는 공간이 있어 뇌에 전해지는 충격이 없다고 해요. 게다가 부리가 그렇게 튼튼하니 부러질 일도 없지요.

어미가 숲에서 돌아올 시간이 되면, 새끼들은 둥지 앞에서 어미를 기다리느라 치열하게 자리다툼을 합니다. 앞으로 나와야 어미로부터 먼저 먹이를 받아먹을 수 있기 때문이지요. 새끼들이 큰 입을 벌려 어미를 부르면 근처에 도착한 어미는 특유의 '끼약 끼약' 울음소리로 화답하고 주위를 살핀 뒤 둥지로 날아옵니다. 그러고는 다시 한번 좌우를 살피며 확인하고 새끼에게 먹이를 줍니다. 이렇게 어미의 사랑이 이어지다 보면 어느덧 새끼는 세상으로 나갈 수 있을 정도로 성장합니다.

태어나 26일이 지나면 새끼들은 비좁은 둥지에서 나와 자연의 품에 안기게 됩니다. 이때가 되면 어미는 먹이를 주지 않고 새끼들에게 바깥으로 나오라고 재촉합니다. 새끼들이 용기 있게 첫 비행을 하며 둥지를 떠나는 장면은 세상의 그 어떤 것보다 경이롭고 아름답습니다.

딱따구리는 다른 텃새와 여름 철새들에게 번식 보금자리를 무료로 제공해 주는 이로운 새입니다. 까막딱따구리가 사용한 번식지는 원앙, 동고비, 박새, 곤줄박이, 흰눈썹황금새, 찌르레기, 여름 철새인 파랑새와 호반새가 둥지를 보수해 보금자리로 재사용합니다. 이들은 까막딱따구리 같은 날카로운 부리가 없어 나무 구멍을 팔 수 없으니까요. 다른 새들에게 도움을 주고 산림을 건강하게 유지할 수 있도록 병해충을 잡는 딱따구리 종류에는 까막딱다구리를 비롯해 청딱다구리, 큰오색딱다구리, 오색딱다구리, 쇠딱다구리가 있습니다.

숲에서 나무를 쪼아 대는 소리가 들린다면 자세히 관찰해 보세요. 머리를 좌우로 흔들며 먹이를 찾는 딱따구리를 관찰할 수 있을 겁니다. 그러나 안타깝게도 전 세계에서 우리나라에만 서식하던 천연기념물 제197호인 크낙새는 경기도 광릉 숲에서 마지막으로 관찰되고 더 이상 모습을 드러내지 않아 멸종되었다고 보고 있습니다. 그러나 북한에서는 현재 20여 마리가 서식한다고 알려집니다. 경기도가 남북교류협력사업으로 북한의 크낙새를 기증받아 크낙새 복원사업을 추진했지만 무산되었습니다. 북한의 크낙새가 멸종되기 전에 복원사업이 추진되어 남한에서도 귀한 딱따구리가 다시 힘차게 날갯짓할 수 있도록 남북이 함께 힘을 합치기를 기원해 봅니다.

1993년 봄, 한 스포츠 일간지에서 "철원 한탄강에 호사비오리라는 귀한 새가 백두산의 봄을 알리러 왔다"라는 내용의 기사를 읽었습니다. 그런데 호사비오리의 사진이 선명하지 않았어요. 그때 사회부 기자로 일하고 있었던 저는 호사비오리를 취재하고 촬영하기로 결심했습니다.

호사비오리는 참으로 보기 드문 새여서 그동안 우리나라에서는 문헌상으로만 확인할 수 있었습니다. 그나마도 정보가 아주 빈약했지요. 당시에 발간된 우리나라 조류도감 그 어디에도 호사비오리의 사진은 없었기 때문에 꼭 촬영해서 시청자에게 보여 주자고 다짐했습니다. 더 취재를 해 보니 문교부에서 발간한 《한국동식물도감 동물편》에 "1912년 함경북도에서 한 개체가, 1927년 서울에서 한 개체가 발견되었다"라는 아주 낡은 기록만 있었습니다.

다행히도 그 당시 최근 자료에 1988년 호사비오리 한 쌍이 철원 민통선 근처 남대천에서 죽은 채 발견되었다는 기록이 있었습니다. 사체가 발견된 만큼, 백두산에서 번식한다는 호사비오리가 가을에 월동하러 한탄강에 다시 찾아올 가능성은 분명해 있어 보였습니다. 이후 한국조류보호협회 철원지회의 협조로 호사비오리 취재와 촬영을 시작했습니다. 인디언이 비가 올 때까지 기우제를 지내는 것처럼, 촬영에 성공할 때까

호사비오리 암컷

호사비오리 수컷

지 매서운 시베리아 삭풍과 싸우며 추적을 계속했지요. 몇 번이고 포기하고 싶은 마음이 들었지만 그럴 수는 없었습니다.

긴 기다림과 석 달여 추적 끝에 1993년 12월 8일 오후 4시 15분쯤, 마침내 고고한 자태를 드러낸 호사비오리 암컷 두 마리와 수컷 한 마리를 만났습니다. 한탄강의 나지막한 바위 위에 앉아 부리로 깃털을 다듬는 모습, 물 위를 힘차게 날아오르는 모습, 헤엄을 치거나 물고기를 잡기 위해 잠수하는 모습까지 모두 기록할 수 있었지요. 호사비오리가 한탄강에서 월동하는 모습, 그것도 한꺼번에 다섯 마리가 나타난 모습을 66년 만에 볼 수 있었던 순간이었습니다. 이 생생한 모습은 〈MBC 뉴스데스크〉를 통해 전국으로 방송되었고, 조류학계에 큰 관심과 반향을 불러일으켰습니다. 조류학자였던 당시 경희대 원병오 교수님은 인터뷰에서 "흥분을 금치 못할 세계적인 뉴스거리가 아닐 수 없습니다. 호사비오리는 세계적으로 멸종위기에 처해 있는 오리의 일종으로, 우리나라에서는 해방 이후 처음으로 발견된 관찰 기록이 되겠습니다"라고 말하며 기쁨을 감추지 못하셨지요.

새들이 대부분 그렇듯이, 호사비오리도 암컷보다 수컷이 멋있게 생겼습니다. '호사豪奢'라는 이름도 호사비오리의 아름다운 생김새에서 비롯되었어요. 어떤 물고기든지 재빨리 콕 물어 올릴 것처럼 뾰족하니 잘 생긴 부리는 선명한 붉은색을 띠고, 똘망똘망한 눈망울을 반짝이며 물살을 가르며 나아갈 때면 빗살처럼 빳빳한 댕기 깃털의 청록색이 더욱 빛나 보입니다. 암컷도 댕기 깃털을 가지고 있지만, 수컷과는 달리 붉은 갈색을 띠고 있습니다. 호사비오리의 가장 큰 특징은 암수 모두 옆구리에 검은색 반달무늬가 그려져 있어 마치 용의 비늘을 연상시킵니다.

호사비오리는 금슬이 아주 좋은 새입니다. 암컷이 물고기를 사냥하러 가면 수컷도 따라가고, 각자 잠수를 하다가도 서로의 위치를 확인하고는 곧 가까이 다가갑니다. 어쩌다 다른 오리가 주변에 오면 입을 크게 벌려 위협하는 소리를 내기도 합니다. 수컷보다는 암컷이 더 경계심이 강하고 조금이라도 위험을 느끼면 재빠르게 다른 곳으로 이동하는데, 그러면 그 뒤를 수컷이 따라갑니다.

호사비오리는 현재 지구상에 1000마리도 채 남지 않았습니다. 제3기 빙하기 때도 생존하여 지구상에서 1000만 년 이상을 살아왔으나 지금은 인간에게 밀려 멸종위기종이 되어 버렸습니다. 우리나라에서는 2005년에 호사비오리를 천연기념물 제448호로 지정하고, 환경부는 멸종위기 야생생물 2급으로 지정해 보호하고 있습니다. 국제자연보전연맹은 2009년 멸종위기종으로 지정했고, 중국은 국가 1급 보호동물로 규정해 절대적인 보호를 하고 있지요. 최근에는 호사비오리 12마리가 북한강 상류 지역인 강촌에서 겨울을 나는 모습이 발견되었습니다. 2025년 1월 조사에서는 지리산 남강 70마리, 섬진강 50마리, 낙동강 회천 6마리, 임진강 20마리 등 총 150

여 마리가 전국적으로 산악지역의 맑은 하천에서 월동한다는 사실이 확인되어 관심을 끌고 있습니다.

늦가을에 우리나라로 날아온 호사비오리는 이듬해 3월이 되면 다시 번식지인 백두산 주변과 러시아 우수리 지방으로 돌아갑니다. 해마다 반복되는 이 여행은 3000킬로미터가 넘는 기나긴 여정입니다. 겨울이면 남쪽을 찾고, 봄이면 분단의 하늘을 가로질러 우리 민족의 영산 백두산으로 날아가는 호사비오리는 마치 통일의 상징처럼 느껴집니다.

백두산 호사비오리 번식지를 찾아 나선 야생생태연구가 박웅

호사비오리는 백두산으로 돌아가면 어디에 둥지를 마련하고 새 생명을 탄생시킬까요? 호사비오리의 번식 비밀을 풀기 위해 박웅 선생님이 긴 여정에 나섰습니다. 그는 백두산 호사비오리 번식지를 최초로 촬영한 분입니다. 박선생님은 1993년 방송에서 호사비오리 월동 소식을 처음 접한 후, 북한강에서 호사비오리 월동이 확인되자 관찰을 시작합니다. 그리고 호사비오리 번식지의 경이로움을 담겠다고 결심합니다. 그는 호사비오리가 월동을 위해 남한을 찾았다가 봄이 되면 다시 백두산으로 돌아간다는 점에 관심을 가졌습니다.

그간 백두산 풍경을 기록해 온 박웅 선생님은 1995년부터 해마다 백두산에 올랐지만, 호사비오리가 언제 어디에서 번식하는지 안내해 줄 사람을 찾을 수 없었습니다. 2010년에도 그는 호사비오리의 둥지를 찾아 다시 백두산에 올랐습니다. 호사비오리를 가슴에 품은 지 어느덧 15여 년만이었습니다. 풍

백두산 호사비오리의 번식지 ©박웅

경 사진을 찍으러 백두산에 오를 때 안내해 주던 한족 사준해 씨가 본인이 호사비오리를 관찰·보호하고 있다는 소식을 전해 주었습니다. 박선생님의 오랜 정성과 염원이 15년 만에 운명처럼 이루어진 것이죠.

사씨는 백두산 인근에 있는 이도백하마을에 살면서 댐의 물을 막아 작은 호수를 만들고 호사비오리가 둥지를 틀기 좋은 환경을 조성했다고 합니다. 둥지를 트는 나무 근처에는 천적이 접근하지 못하도록 24시간 순찰자를 배치해 감시활동도 벌였다고 해요. 박선생님은 사씨가 준비한 곳에 위장막을 치고 촬영에 들어갔습니다. 그리고 호사비오리 암수가 지상에서부터 10미터도 넘는 높은 나무 구멍에 둥지를 마련하고 알 낳는 모습을 확인했습니다.

그는 둥지에서 부화한 새끼 여덟 마리가 10미터 높이에서 뛰어내려 무사히 세상 밖으로 나오는 장면, 이소새의 새끼가 자라 둥지에서 떠나는 일한 새끼들이 어미와 함께 헤엄을 치며 자연에서 살아가는 모습 등 한국인 최초로 호사비오리 번식 장면을 단계별로 기록하는 데 성공합니다. 5월 중순에서 말경, 호사비오리 새끼들이 알에서 부화해 둥지를 떠나기까지 걸리는 시간은 이틀이 채 걸리지 않습니다. 하지만 이 장면을 사진에 담기까지 햇수로 꼬박 6년이나 걸렸답니다. 오랜 기다림 끝에 포착한 너무나도 아름답고 경이로운 순간이었습니다. 그는 호사비오리를 찾아 백두산을 헤맬 때마다 틈나는 대로 다른 새들의 생태도 꼼꼼하게 관찰해 왔습니다. 그리고 이 귀한 자료를 모아 《백두산 새 관찰기》라는 책을 출간했습니다.

호사비오리 암컷과 수컷

호사비오리의 알 ©박웅

호사비오리 어미와 새끼 ©박웅

호사비오리 가족 ©박웅

세계지질공원으로 지정된 한탄강 유역

한탄강은 북한에서 55킬로미터 흘러내려와 남한 철원 지역을 따라 85킬로미터를 더 흐릅니다. 그래서 한탄강을 큰 여울을 뜻하는 '한 여울'이라고도 불렸지요. 한탄강은 북 강원도 평강의 추가령구조곡에서 발원해 철원과 연천을 거쳐 전곡에서 임진강과 합류합니다. 한탄강은 약 50~10만 년 전 화산 폭발로 형성되었는데요. 그 당시에 흐른 용암이 빚어낸 현무암 절벽과 주상절리, 폭포 등이 어우러져 다양하고 아름다운 경관을 자랑합니다.

다른 강들과는 달리 한탄강에는 화성암과 변성암이 많습니다. 제주도를 제외하면 전국 유일의 현무암 지대라고 볼 수 있지요. 구멍이 숭숭 뚫린 철원의 현무암은 제주도의 현무암보다 단단해서 맷돌이나 절구 등 공예품의 재료로도 활용되고 있습니다. 강 양옆으로는 용암이 식으며 수직 절벽이 만들어졌는데, 내륙지역에서는 보기 드문 주상절리마그마가 냉각 응고함에 따라 부피가 수축하여 생기는, 다각형 기둥 모양의 금입니다.

2020년 7월 7일, 한탄강은 우리나라에서는 처음으로 강을 중심으로 유네스코UNESCO 지정 세계지질공원이 되었습니다. 세계지질공원은 유네스코가 미적, 고고학적, 역사·문화적, 생태학적, 지질학적 가치를 지닌 곳을 보전하고 관광자원으로 활용하고자 지정하는 구역이지요.

지질공원이 어떤 가치를 지니는지, 유네스코의 정의를 찾아볼까요? 유네스코는 지질공원을 "특별한 과학적 중요성, 희귀성 또는 아름다움을 지닌 지질 현장", "지질학적 중요성뿐만 아니라 생태학적, 고고학적, 역사적, 문화적 가치도 함께 지닌 지역으로 보전, 교육, 관광을 통하여 지역경제 발전을 도모함"이라고 설명하고 있습니다.

세계지질공원으로 인증을 받은 곳은 한탄강 경기도 포천시 유역

철원 직탕폭포

철원 고석정

493.24제곱킬로미터, 연천군 유역 273.65제곱킬로미터, 강원특별자치도 철원군 유역 398.72제곱킬로미터 등 총 1165.61제곱킬로미터입니다. 여의도2.9제곱킬로미터의 400배에 달하는 면적입니다. 이에 따라 화적연, 비둘기낭폭포, 제인폭포, 직탕폭포와 고석정 등 스물여섯 곳이 지질·문화 명소로 등재되었습니다. 특히 철원 한탄강 주상절리길은 연간 50만 명 넘게 찾으며 지질생태관광의 대표 명소로 급부상하고 있습니다.

2010년 제주도가 그리스 레스보스섬에서 진행된 유네스코 세계지질공원 네트워크 총회에서 우리나라 최초로 세계지질공원으로 인정받았습니다. 이를 계기로 우리나라의 지질 여건이 국제적으로도 인정받을 수 있다는 자신감을 얻게 되었지요. 한탄강 유역은 제주도, 청송, 무등산에 이어 국내에서 네 번째로 세계지질공원 인증을 받았습니다.

철원 한탄강

한탄강 주상절리

40년 만에 되살아난 따오기

"보일 듯이 보일 듯이 보이지 않는, 따옥 따옥 따옥 소리 처량
한 소리" 이런 노랫말로 시작하는 동요를 한 번쯤 들어본 적이
있을 것입니다. 1925년 일제강점기에 발표된 동요 '따오기'입
니다. 노래의 주인공인 따오기는 황새목 저어새과의 중형 물새
이자, 천연기념물 제198호로 지정된 멸종위기종입니다. 따오
기의 검고 긴 유선형의 부리는 멀리서도 다른 새와 확연히 구
별됩니다. 게다가 붉은 얼굴과 하얀 깃털을 지니고 있어 기품
까지 느껴지지요. 따오기는 몸길이 약 74~80센티미터에 날개
는 135~140센티미터, 부리는 20~22센티미터로 날개와 부리
가 몸집에 비해 큰 편입니다. 번식기에는 어깨 털 부분이 회색
빛으로 변하고요. 주로 논과 같은 습지에서 미꾸라지와 개구리
등을 잡아먹고 삽니다.

　　따오기는 1900년대 초까지만 해도 겨울이면 우리나라
에서 많이 관찰되던 철새였습니다. 해마다 11월에 우리나라에
찾아와 겨울을 나고 이듬해 3월이면 번식지로 돌아가곤 했지
요. 그러나 우리 민족에게 친숙했던 따오기는 한국전쟁으로 번
식지와 월동지가 파괴되면서 개체 수가 급감했습니다. 이후 무
분별한 농약 사용으로 서식지가 파괴되었고, 먹이 부족과 남획
은 멸종이라는 결과를 가져왔지요.

먹이를 찾는 따오기

구애춤을 추는 따오기

따오기는 판문점 근처 대성동 자유의마을에서 마지막으로 목격된 후, 오랜 기간 자취를 감추었습니다. 1979년 국제두루미재단의 조지 아치볼드 George Archibald 박사가 자유의마을에서 두루미 생태조사를 하다가 겨울을 나기 위해 찾아온 따오기를 관찰했다고 하는데, 이것이 우리나라의 마지막 따오기 관찰 기록입니다.

따오기를 이 땅에서 다시 보게 된 것은 국제적인 협력 덕분이었습니다. 1980년 중국 산시성 한중시 양현에서 따오기 일곱 마리가 발견되면서 중국 정부가 따오기 복원사업을 시작했는데요. 증식된 따오기는 일본과 한국에도 기증되면서 본격적인 복원사업으로 이어졌습니다. 우리나라에서는 2008년 중국 산시성 양현에서 온 따오기 한 쌍을 시작으로 개체 증식에 들어갔습니다. 이후 정부는 창녕 우포 따오기의 유전적 다양성을 증진해야 한다는 의견에 따라 2013년 '한·중 공동 따오기 보호 협력 양해각서'를 체결하고, 12월 23일 중국 수컷 따오기 두 마리를 추가 도입했습니다.

따오기는 산란을 거듭하면서 개체 수가 430여 마리로 늘어났고, 2019년에는 멸종된 지 40여 년 만에 따오기 방사 행사를 진행했어요. 멸종된 지 40년 만에 다시 대한민국 창공

분단선에서 생명선으로

에 훨훨 날아오르게 된 따오기 40마리. 사라졌던 40년의 의미를 담아 40마리를 자연의 품으로 돌려보냈습니다. 그 뒤로 해마다 따오기 40마리가 자연으로 돌아가 지금까지 240마리가 방사되어 자연에 적응하며 살아가고 있습니다.

자연으로 돌아간 따오기들에게는 암수를 구별할 수 있는 발가락지와 위치 추적 장치를 부착했습니다. 하지만 안타깝게도 방사된 따오기 중 상당수가 삵과 수리부엉이 같은 천적에 잡아먹혔다고 합니다. 다행히 120여 마리는 낙동강과 우포늪 일대에서 살아남았다고 해요. 2021년에는 방사된 따오기 가운데 처음으로 야생 번식 성공 사례가 나오는 경사도 있었습니다. 40년 만에 다시 자연으로 돌아온 따오기가 인간의 보호 울타리 밖에서도 자연 번식으로 생명을 이어 가면 좋겠습니다. 특히 마지막으로 목격된 판문점 대성동 자유의마을에서도 따오기가 남북의 하늘과 땅을 자유롭게 오갈 수 있기를 기원해 봅니다.

북한의 두루미 보호

우리가 두루미라 부르는 새를 북한에서는 '흰두루미'라 부릅니다. 우리와 마찬가지로 북한에서도 흰두루미를 국가천연기념물로 지정하고 있습니다. '겨울나기월동장소'와 '도중머무름장소중간 기착지'를 철새보호구로 지정하고 적극적인 보호 대책을 세우고 있지요. 북한의 대외용 월간 화보집 〈조선〉에서는 두루미를 다음과 같이 설명하고 있습니다.

"흰두루미는 우리나라를 비롯하여 중국, 로씨야러시아, 일본에 분포되어 있는 동아세아동아시아의 고유한 새다. 흰두루미는 현재 세계적으로 약 2000마리밖에 되지 않는다. 중국의 흑룡강성, 로씨야 연해주의 습지에서 번식한 흰두루미는 10월 말경에 우리나라에 날아와 다음 해 3월에 번식지로 돌아간다. 우리나라에서 겨울철 흰두루미의 생활 장소는 황해남도의 바닷가 일대와 개성시 판문군의 사천강 기슭, 그리고 강원도의 안변군과 철원군, 고성군의 벌방지대다. 겨울을 난 흰두루미는 번식지로 날아가기 위하여 반드시 일정한 지역에서 도중 휴식을 하는데, 이러한 지역이 조선 서해 쪽에서는 청천강하구 일대의 습지대, 조선 동해 쪽에서는 함경남도 금야군의 금야강하구, 나선시나진-선봉 일대의 두만강하구 습지대다."

이 소개 내용에 따르면 북한지역에도 적지 않은 두루미들이 겨울을 나기 위해 찾아오고 있으며, 그들 나름대로 두루미 생태를 파악하는 것 같지요? 실제로 북한은 두루미의 서식

두루미 무리의 이동

휴식하는 두루미

DMZ 내 감시 초소(GP) 주변을 자유롭게 비행하는 두루미들

분단선에서 생명선으로

지를 복원하기 위해 노력하고 있습니다. 특히 국제 환경단체들이 추진한 안변 프로젝트, 즉 '안변사업'이 큰 역할을 하고 있습니다. 북쪽 강원도 안변은 북한에서 가장 큰 두루미 월동지로, 1980년대에 200마리가 넘는 두루미가 월동하는 지역이었습니다. 그러나 1990년대 후반에 들어서며 농업 생산성이 떨어지고 식량 사정이 악화하면서, 땅 대부분을 개간해 농지로 활용해야 했지요. 하지만 논에 떨어진 낟알마저 귀해지자 두루미들은 더 이상 그곳을 찾지 않게 되었습니다.

이를 복원하기 위해 2008년부터 안변 프로젝트를 시작했고, 이듬해인 2009년에 두루미 42마리가 안변에서 월동한 것으로 확인되었습니다. 이후 개체 수가 지속해서 늘어나 2015년에는 100마리가 넘게 관찰된 것으로 알려졌습니다. 그러나 북한이 핵실험 등으로 국제관계가 나빠지면서 2015년 두루미 복원 프로젝트의 외부 지원이 중단되었습니다.

하지만 북한은 자체적으로 보호 사업을 지속했습니다. 흑두루미의 주요 서식처로 알려진 평안남도 문덕 지역을 철새 보호구로 지정했고, 람사르 지역으로도 지정받았습니다. 람사르는 이란 마잔다란주의 카스피해안가에 접한 휴양도시로, 이곳에서 습지 보호를 위한 국제회의인 람사르협약이 체결되었지요. 북한은 2018년 이 협약에 가입했습니다. 람사르협약 가입국은 자국 영토에서 최소 한 곳의 습지를 반드시 지정해야 하는데요. 북한의 경우 평안남도 문덕 철새보호구와 함경북도 라선 철새보호구 두 곳을 람사르 지역으로 지정했습니다. 특히 두루미와 흑두루미 등의 철새 서식지인 문덕 철새보호구는 국제적으로 매우 중요한 곳입니다.

　2018년 남북정상회담 이후 생태평화관광 활성화, DMZ 생태문화 관광벨트 개발, 남북철도·도로 연결사업 등 각종 개발 계획이 제안되었습니다. 그러나 남북관계 악화로 한반도 두루미 서식지 보전·복원을 위한 남북 협력사업이 제대로 추진되지 않고 있습니다. 앞으로 남북 간의 학술적 교류가 활발하게 이루어지고, 이런 공동 연구를 통해 두루미 보호가 잘 이루어지면 좋겠습니다. 세계적인 멸종위기종 두루미를 보호하는 일은 습지 생태계의 파괴를 막고 다양한 생물 종을 보호하는 길이기도 하니까요.

북한 안변의 두루미 보호구역 표지판

2장

비무장지대에 흐르는
생명의 물

철책으로 가로막혀 있지만 이어져 있는 강과 산에서는 수많은
생명이 살아가고 있습니다. 북한강 상류 DMZ는 훼손되지 않은
자연생태계를 유일하게 볼 수 있는 곳입니다. 원시적인 자연
하천의 모습을 간직한 임진강 상류, 야생동식물의 피난처이자
자연의 콩팥 역할을 하는 다양한 습지, 귀한 수서곤충들을 만날
수 있는 민통선의 둠벙, 북한강 최상류 지역에서 남북을 자유롭게
오가는 귀한 생물들. DMZ를 흐르는 생명의 물과 산이 이 다양한
생명을 품고 키우고 있습니다.

철책도 막을 수 없는 자연의 흐름

아무리 한반도가 남과 북으로 갈라져 있다 해도 흐르는 강물을 막을 수는 없습니다. 북녘 땅에서부터 굽이굽이 흘러내리는 북한강은 남북을 자유로이 오가는 물고기부터 강기슭의 야생 동물까지 한눈에 볼 수 있는 곳입니다.

북한강 상류의 비무장지대는 강원특별자치도 화천군 하남면에 있는, 북한강 최상류에 설치된 다리 '오작교'에서부터 시작됩니다. 높은 산봉우리를 따라 이어지는 철조망은 북한강 맨 위쪽 물줄기에서 오작교를 만나게 되는데요. 이 다리가 남방한계선이자 철책 역할을 합니다. 오작교 다리 밑에는 북한의 침투를 막기 위해 수문에 철조망을 빼곡히 설치해 놓았습니다. 사람들은 이 수문을 통과할 수 없지만 너구리나 수달처럼 작은 동물들은 넘어갈 수 있어요. 강물에도 철조망을 둘러야만 하는 것이 분단의 현실입니다. 오작교에서 시원하게 흘러오는 북녘의 물소리를 들으며 강물을 보고 있노라면, 아주 가까운 곳에 우리의 반쪽 땅이 있음을 실감할 수 있어요. 아울러 사람의 힘으로는 막을 수도 없고 끊을 수도 없는 자연의 위대함에 새삼 고개를 숙이게 됩니다.

북한강의 물줄기를 따라가 볼까요? 금강산에서 발원한 북한강은 화천에 이르러 양구군 방면에서 흘러오는 수입천을 만나 파로호를 이루고요. 파로호의 강물은 춘천호를 지나 의암

백암산 정상에서 바라본 북한 임남댐(금강산댐)

철책을 둘러친 북한강 최상류

북한강 상류 양의대 습지

분단선에서 생명선으로

호에서 다시 소양강과 만납니다. 이 강물은 소양강에서 강촌과 남이섬을 지나면서 홍천강과 합류하여 청평호를 이루고, 경기도에 들어서면 남양주시의 경계를 이루면서 양수리로 빠집니다. 그리고 비로소 남한강을 만나 한강으로 흘러가지요.

1940년대는 화천댐을 비롯하여 춘천댐, 의암댐, 팔당댐으로 이어지는 북한강 수계의 댐들이 들어서기 전인데요. 그때만 해도 서울 마포에서 배를 타고 올라온 소금 장수들이 산자락 사이사이로 흐르는 북한강 물길을 따라 북한의 금성과 회양까지 오르내렸다고 합니다. 물론 지금은 비무장지대에 막혀 누구도 오갈 수 없게 되었지만, 흐르는 강물만은 변함없이 북에서 남으로 흘러 수도권 2000만 주민들의 소중한 식수원이 되고 있습니다.

북한 금강산댐 지류에 가장 가까이 접근할 수 있는 북한강 최상류 오작교 초소에서부터 10여 킬로미터를 따라 내려오면 평화의댐이 나오는데요. 두 댐 사이의 생태계가 아주 놀랍습니다. 요즘 하천들이 콘크리트 구조물로 물길을 곧게 정리하는 직강直江 공사를 하는 것과는 달리 구불구불 이어지는 하천과 강변의 모래톱, 습지와 초지 등이 그대로 살아 있는 풍경이 펼쳐져 있거든요. 전문가들은 "하천의 원형을 복원할 때 모델로 사용해도 될 정도로 보존이 잘 되어 있다"라며 감탄합니다. 그만큼 북한강 상류는 강에서 산까지 이어지는 원시적인 자연 생태계를 유일하게 볼 수 있는 곳이랍니다. 하지만 북한의 금강산댐 공사로 북한강 상류의 수량이 크게 줄어들었습니다.

비무장지대와 인접한 북한강 유역은 자연 식생이 한창

발달하는 중입니다. 논농사를 짓지 않는 들에는 자연 습지가 형성되어 버드나무, 오리나무 등이 서로 어울려 습지의 발달 과정을 보여 주고요. 산자락에는 가래나무가 군락을 이루고 있습니다. 민통선 이남에서는 논농사와 밭농사로 대부분이 사라진 생태계입니다. 인간의 발길이 멈추었을 때 생태계가 어떻게 변하는지, 그 과정을 보여 주는 귀중한 사례이기도 하지요. 원시적인 자연 생태계가 잘 보존된 이 땅마저 잃어버린다면 우리는 어쩌면 지속 가능한 발전 방법을 찾아낼 수 없을지도 모릅니다.

평화의댐

DMZ 병사들의 임무

DMZ의 병사들은 최전방에서 1년 365일 경계 작전을 벌이고 있어요. 정전협정은 공식적으로는 비무장지대에 무장 병력이 주둔해서는 안 된다고 규정하고 있습니다. 그러나 남북한은 모두 비무장지대 안에 요새를 만들어서 무장 인원을 주둔시키고 있습니다. 특히 남방한계선과 군사분계선 사이에는 '전초前哨'라 불리는 최전방 감시초소 GP Guard Post가 있는데요. 서로의 군사 활동을 감시하기 위해 설치하며, GP와 GP 사이를 잇는 추진철책은 GP 사이를 이동하기 위해 설치한 것입니다.

GP는 비무장지대에 있는 초소이다 보니 일반적인 감시초소와는 다르게 두꺼운 철근 콘크리트로 지은 방벽 건물입니다. 사실상 요새라고 할 수 있지요. 40~50명가량의 정예 병력이 이곳에 상주하며 북한군의 작은 움직임도 예의 주시하고 있습니다. GP에 교대로 투입되는 군인들은 대한민국 보병여단에서 정예 병력으로 여기는 수색중대로, 모두 전투복에 '민정경찰' 표식을 달고 있습니다. 한편 GOP General Out Post는 남방한계선을 지키는 일반 전방초소로, GOP 경계는 일반 보병대대가 맡습니다. GOP에는 전방 병사들을 위해 노란 트럭에 과자와 음료를 실은 이동식 편의점을 운영하고 있습니다. 병사들은 이 트럭을 '황금마차'라 부르는데, GP 투입기간에는 이 '마차'를 이용할 수 없습니다.

전방의 병사들은 낮에 잠을 자고 밤에는 밤새도록 경계 작전에 나섭니다. 해가 질 무렵 철책 점검에 나설 때면 실탄을 지급 받고, 자신의 근무 초소에서 북쪽을 향하여 서서 경계 작전을 벌이지요. 해가 뜨면 다시 밤사이 이상이 없었는지 철책 주변을 점검하고, 내무반에 들어가 잠을 자거나 휴식을 취합니다.

겨울은 전방 병사들에게는 혹독한 계절입니다. 전방 병사들은 겨울에 눈 치우는 일을 '제설 작전'이라 부릅니다. 폭설로 보급이 끊기거나 후퇴로가 막히면 안 되기 때문이지요. 눈이 쌓일 때마다 보급로의 눈을 치웁니다. 전방의 병사들에게는 무엇보다 극한 기후와 싸우는 것이 가장 힘든 일입니다.

DMZ, 하면 떠오르는 이미지가 또 있습니다. 남북한 군인이 서로 얼굴을 마주 보며 경계 근무를 서는 곳, 바로 판문점 공동경비구역JSA, Joint Security Area입니다. 판문점 공동경비구역은 휴전 이후 유엔과 군사정전위원회, 중립국 감독위원회의 관리를 받고 있습니다. 정전협정이 체결된 가슴 아픈 역사의 현장이자 오랜 분단의 상징으로 자리 잡았습니다. 동시에 유일한 남북 간 대화의 창구이기도 하지요. 이산가족의 만남을 주선하고,

한겨울 중부전선 최전방 초소

남북문제의 공동 합의점을 찾는 의미 있는 곳입니다.

공동경비구역 안에는 군사정전위원회 본회의장과 중립국 감독위원회 회의실을 비롯해 '자유의 집'과 '판문각' 등 24개의 건물이 있습니다. 특히 1980년대에 남쪽에는 '평화의 집'이, 북쪽에는 '통일각'이 세워져 지금까지 남북대화용 건물로 이용되고 있지요. 공동경비구역 경비 임무는 미군과 한국군이 공동으로 맡다가, 2004년 11월 1일 한국군에게 완전히 이양되었습니다. 공동경비구역 경비대대 병력 또한 90퍼센트 이상 한국군으로 채워졌습니다. 그러나 정전협정상 공동경비구역은 유엔군 관할 지역이라 경비대대의 지휘 통제권은 여전히 유엔군 사령관에게 있습니다.

공동경비구역에서 남북의 병사들은 불과 4~5미터의 간격을 두고 서로 마주 보고 경계를 섭니다. 이곳을 지키는 병사들은 혹시 생길지 모를 비상 상황에 대비해 권총을 차고 근무합니다. 그리고 모두 선글라스를 쓰고 있지요. 대치한 북한군과 얼굴을 마주하다 보니 혹시라도 벌어질 고도의 심리전을 피하려고 선글라스로 표정을 숨긴다고 해요. 요즘은 민통선 검문소를 지키는 우리 군인도 민간인과 감정적으로 대립하지 않으려고 선글라스를 쓰고 근무하는 경우가 많습니다.

멸종위기종 광릉요강꽃
국내 최대 군락지 탄생의 비밀

국토를 남북으로 두 동강 낸 철책보다 더 비극적이고 상징적인 부산물이 있습니다. 바로 북한강 상류에 준공된 '평화의댐'입니다. 1986년 북한이 '금강산댐지금은 임남댐'을 만들겠다고 발표하자, 당시 남한 군사정권은 북한의 금강산댐이 서울을 물바다로 만들려는 수공 목적의 군사 댐이라며 그 심각성을 대대적으로 홍보했습니다. 온 나라에 위기의식을 조장하며 전국적인 모금행사를 벌였지요. 남녀노소 할 것 없이 온 국민의 모금으로 1988년 북한 금강산댐보다 더 큰 규모의 화천 평화의댐을 부랴부랴 건설하게 되었습니다. 하지만 나중에 특별감사로 북한의 금강산댐 건설은 수공 목적이 아니라는 사실이 밝혀졌고, 그 당시 정치적으로 위기를 맞은 전두환 군사정권이 조작한 사기극임이 드러났습니다.

하지만 이 평화의댐 사업은 국제자연보전연맹이 지정한 멸종위기종인 희귀식물의 국내 최대 군락지가 탄생하는 결정적 계기가 되었죠. 30여 년이 지나 일어난 기적 같은 일의 주인공은 바로 우리나라에서 가장 진귀한 식물로 꼽히는 '광릉요강꽃'입니다. 요강 모양의 연보랏빛 꽃과 주름치마를 닮은 둥근 잎, 바람개비처럼 생긴 꽃받침이 특징입니다.

1988년, 평화의댐 건설사업이 시작될 때 현장은 도로도 없는 첩첩산중이었습니다. 지금도 오지마을인 강원특별자치

멸종위기 야생식물 1급 광릉요강꽃

도 화천군 화천읍 동촌2리 비수구미마을 사람들은 당시 댐 건설 일을 도우며 용돈벌이를 했습니다. 1989년, 평화의댐 진입로를 내느라 불도저 작업을 하는 길옆으로 이름을 알 수 없는 신기한 꽃이 피어 있었습니다. 잎도 처음 보고 꽃도 처음 보는 것이었습니다. 꽃을 좋아했던 장윤일 씨당시 45세는 일을 마치고 내려오다가 그 식물이 그냥 땅에 묻혀 죽는 것이 안타까워 여섯 뿌리를 가져와 자생지와 비슷한 자신의 집 뒷산에 옮겨 심었습니다.

그는 이 식물을 살리려고 적당한 그늘과 습도를 유지해 주고, 부엽토를 깔아 주며 온갖 정성을 다했습니다. 하지만 6~7년이 지나도 꽃의 개체 수는 하나도 늘어나지 않았지요. 더 이상 증식이 안 되나 보다 생각했는데, 7년이 지나면서 개체 수가 조금씩 늘어나기 시작했습니다. 장씨는 이 식물이 잘 자랄 수 있는 환경을 찾기까지 실패를 거듭하며 혼자 터득한 여러 방법을 시도하다 결국 집단 서식지를 조성하게 됩니다. 그렇게 특별한 정성을 들인 끝에 광릉요강꽃은 개체 수가 해마다 증가했고, 처음 옮겨 심은 자리는 국내 최대 군락지가 되었습니다. 해마다 꽃이 피는 5월 초순이 되면 광릉요강꽃의 귀한 자태를 직접 보려는 방문객의 발길이 비수구미 군락지로 이어지고 있습니다.

환경부 멸종위기 야생식물 1급인 광릉요강꽃은 우리나라에서 광릉숲, 경기도 가평, 전북 덕유산 등 일부 자생지에서만 관찰되는 난초과의 희귀식물입니다. 1931년 '광릉'에서 처음 발견되어 이름에 '광릉'이 붙었습니다. 아기 주먹만 한 크

화천 비수구미 광릉요강꽃 군락지

기의 주머니처럼 생긴 꽃부리가 움푹 파인 것이 '요강'을 닮았고, 뿌리에서 지린내가 나 '광릉요강꽃'이라 불리게 되었다고 합니다.

광릉요강꽃은 야생에서 찾아보기 어렵고 증식도 어려워 복원이 쉽지 않다고 알려져 있습니다. 노영대 한국광릉요강꽃 보존회 회장은 이 식물의 번식 방법에는 오묘하고 신비한 비밀이 숨어 있다고 설명합니다. 식물이 번식하려면 매개곤충인 벌이나 나비를 유혹할 수 있는 향이 있어야 하고, 꽃 수술에 쉽게 접근할 수 있어야 하는데 광릉요강꽃은 그렇지 않다고 해요. 수정을 돕는 매개곤충이 들어가기에는 꽃의 입구도 나오는 곳도 너무 좁아 나비나 일반 벌들은 접근조차 할 수 없답니다.

유일하게 접근할 수 있는 벌이 보통 벌보다 크기가 작은 어리호박벌입니다. 이 벌 정도 되어야 겨우 꽃 입구 구멍으로 들어갈 수 있지요. 하지만 광릉요강꽃의 꽃 구조는 이 벌이 들어간다 해도 들어간 곳으로 다시 나가기 어렵게 되어 있습니다. 또 광릉요강꽃은 눈에 띄는 외모와 큰 덩치를 지녔지만, 곤충을 유혹할 수 있는 향기나 꿀도 없습니다. 아래쪽 꽃 입구로 들어간 어리호박벌이 꽃 속에 오래 머물며 온몸에 꽃가루를 듬뿍 묻힌 후, 꽃 위쪽으로 난 작은 구멍으로 간신히 빠져나와 다른 꽃으로 다시 들어가야 수정을 시킬 수 있습니다. 하지만 어리호박벌이 어렵게 꽃을 탈출해 다른 꽃에 가 수정을 시킨다 해도 발아 성공률이 2퍼센트에 불과합니다. 어렵게 수정된다 해도 싹이 나고 꽃이 피기까지 몇 년간은 땅속 곰팡이로부터 자양분을 얻어야 뿌리를 내릴 수 있기 때문입니다.

　　어려운 발아 성공률과 까다로운 서식 조건, 무분별하게 채취하는 사람들 때문에 광릉요강꽃은 멸종위기에 처하게 되었습니다. 전문가들조차 광릉요강꽃의 꽃의 구조와 생존 비밀에 놀라움을 감추지 못하고 있습니다. 무슨 식물인지 이름도 모르는 산골 마을 농부가 식물의 생태에 관한 전문 지식도 없이 그저 꽃을 향한 사랑만으로 증식에 성공해 국내 최대 규모의 광릉요강꽃 군락지를 조성했다는 사실이 생각할수록 참 놀랍습니다.

　　이곳 비수구미마을에는 광릉요강꽃과 함께 복주머니란이 해마다 5월이면 자태를 드러냅니다. 복주머니란은 붉은 자줏빛 꽃이 줄기 끝에 한 개씩 핍니다. 이 식물 역시 무분별한 남획이 계속되면서 환경부에서 멸종위기 야생식물 2급으로 지정해 보호하고 있습니다. 해마다 5월 초순이면, 분단의 안타까운 산물인 평화의댐을 둘러보고, 멸종위기종인 광릉요강꽃과 복주머니란의 아름다운 모습도 직접 눈에 담을 수 있는 DMZ 평화생태여행을 계획해 보면 어떨까요?

원시적인 자연 하천의 모습을 간직한
천연기념물의 안식처 임진강 상류

경기도 연천군에서 중면 방향으로 차를 타고 15분 정도 가면 중면 민통선 검문소가 나옵니다. 당연히 신원이 확인되지 않으면 들어갈 수 없는데요. 검문하는 군인들에게 신분증을 제시하고 방문 목적을 밝힌 후, 군사 보안시설에 관한 비밀을 누설하지 않겠다는 서약서를 쓰면 비끼산 수리봉 정상에 있는 태풍전망대에 갈 수 있습니다.

임진강 하류를 끼고 오르락내리락하는 완만한 능선을 따라 산 중턱까지 개간한 율무밭을 지나면 황산리마을에서 갈림길과 만납니다. 거기서 오른쪽으로 가파른 언덕길을 한참 오르면 태풍전망대가 나타납니다. 거대한 철책과 비무장지대 너머로 북녘땅이 한눈에 들어오는 곳이지요. 태풍전망대는 휴전선 남측 11개 전망대 가운데 북한과 가장 가까운 곳에 있습니다. 태풍전망대에서 군사분계선까지는 800미터, 북한군 초소까지는 1600미터밖에 되지 않아 혹시 모를 총격에 대비해 전망대 유리창이 방탄유리로 되어 있어요.

태풍전망대에서는 5000년의 역사를 간직하며 흘러온 임진강 상류를 가장 가까이서 볼 수 있습니다. 임진강은 장단과 파주를 관통하는 한강의 제1지류입니다. 함경남도 덕원군 두류산에서 발원해 한탄강과 북한 서북쪽 법동군에서 발원하는 고미탄천 등의 지류와 합류하여 민족 분단의 현장을 감싸

태풍전망대에서 본 임진강

며 서해로 흐릅니다. 남과 북 사이에는 이념 대립의 상징인 철책이 놓여 있지만, 임진강은 지난 분단의 세월 동안에도 자연의 이치대로 높은 곳에서 낮은 곳으로 흘러왔습니다. 특히 임진강 상류는 개발이 제한되면서 원시적인 자연 하천의 모습을 지금도 간직하고 있습니다. 북한강 상류처럼 모래톱과 자갈밭도 고스란히 가지고 있고요.

임진강은 사계절 다양한 생명을 품고 있습니다. 가을이면 두루미류의 잠자리와 먹이터가 되기도 하고, 맹금류가 분단의 하늘에서 마음껏 날 수 있게 해 주는 곳입니다. 무엇보다 민통선 임진강 상류 지역은 우리나라에서 철원 다음으로 중요한 두루미 월동지입니다. 연천을 찾아오는 두루미와 재두루미들은 철원과는 달리 밭에서 율무를 먹고 강에서 물고기를 잡아먹으며 겨울을 보냅니다. 연천 민통선 지역은 개간한 산에 율무를 경작하는 곳이 많아 두루미들이 떨어진 율무로 영양분을 보충하는 진풍경이 벌어진답니다.

두루미들은 율무를 먹다가 위협을 느끼면 바로 근처에 있는 임진강 변으로 이동합니다. 임진강 변 빙애여울은 두루미가 가장 좋아하는 쉼터이자 먹이터입니다. 임진강 상류는 자연스러운 물굽이가 물의 흐름을 따라 형성되면서, 한겨울에도 얼지 않는 여울이 곳곳에 있습니다. 얼지 않는 여울은 멸종위기에 처한 재두루미들의 월동지가 되어 줍니다.

임진강 수계는 또 어떤가요? 천연기념물 어름치를 비롯해 쉬리 등 많은 어

연천 율무밭의 두루미

민통선 안 임진강 빙애여울의 두루미 월동지

분단선에서 생명선으로

종이 서식하고 있으며, 메기·복어·뱀장어 등 우리 토속 어종이 다양하게 확인되었습니다. 특히 한국에서만 서식하는 고유종 어름치는 환경 변화에 민감한 물고기라 천연기념물 제259호로 지정되어 보호받고 있는데요. 이 귀한 어름치의 최대 산란 터가 바로 임진강 상류입니다. 어름치를 좀 더 소개해 볼게요. 잉엇과에 속하는 어름치는 깨끗한 물에서만 삽니다. 은색 몸통의 몸길이가 25~40센미미터로, 옆구리에 7~8줄의 검은 점이 줄지어 있습니다. 또 등과 꼬리지느러미에 있는 까만 줄무늬가 특징입니다.

야행성 어류인 어름치는 산란기가 되면 입가에 산란 돌기가 생깁니다. 특히 알 낳는 모습이 매우 독특한데요. 산란기가 되면 암컷 어름치는 깨끗한 물속에 구덩이를 파고 알을 낳습니다. 그러면 수컷 어름치가 그 위에 정액을 뿌리며 수정을 하지요. 이때 암컷 어름치는 구덩이에 낳은 알이 떠내려가는 것을 막기 위해 돌멩이를 물어다 돌탑을 쌓기 시작합니다. 이를 '산란탑'이라고 합니다.

어름치의 산란 시기가 되면 쉬리와 퉁가리 등 다른 물고기들이 어름치의 알을 먹기 위해 산란탑 주변에 몰려듭니다. 그러면 어름치는 어슬렁거리는 물고기들에 신경을 곤두세우면서 멀리 쫓아 버립니다. 이렇게 산란탑을 쌓는 물고기는 우리나라에서 오직 어름치밖에 없습니다. 이처럼 인간의 방해가 없는 민통선 임진강 상류 물속에서는 건강한 수중 생태계가 유지되고 있답니다.

어름치

버들치

참종개

물에도 등급이 있다!

현재 우리나라에서는 정기적으로 북에서 내려오는 물의 수질을 조사하고 있습니다. 북한강이나 한탄강, 임진강 등 우리나라 주요 강의 발원지가 북한 지역이고 강물 대부분을 정화해 식수로 사용하기 때문입니다. 경기도와 강원특별자치도의 수질 관련 기관에서는 전문 인력이 정기적으로 민통선에 들어가 물을 채취해 수질 분석을 합니다. 물이 안전한지, 위험한 요소는 없는지, 안심하고 마셔도 되는지를 살펴보는 것이지요.

우리나라의 경우 물을 다섯 등급으로 나눕니다. 먼저 1급수는 가장 맑고 깨끗한 물로, 냄새가 나지 않으며 마음 놓고 마실 수 있습니다. 1급수에서는 열목어를 비롯해 금강모치, 산천어 같은 물고기가 삽니다. 2급수는 맑고 냄새가 나지 않는 물이지만 그냥 마시지는 못하고 수영이나 목욕은 할 수 있습니다. 쉬리를 비롯해 갈겨니, 은어 같은 물고기가 삽니다. 3급수는 황갈색의 탁한 물로, 바닥이 잘 보이지 않고 냄새나는 찌꺼기가 깔려 있습니다. 붕어·메기·잉어 같은 물고기가 살지요. 4급수는 오염된 물로 어떤 물고기도 살 수 없습니다. 마지막으로 5급수는 심하게 오염된 물로, 고약한 냄새가 납니다. 어떤 물고기도 살 수 없고, 여기에 오랫동안 접촉하면 피부병이 생길 수도 있습니다.

갈겨니

금강모치

산천어

야생동식물의 피난처이자
자연의 콩팥, 습지

자유로를 따라 경기도 고양부터 문산까지 이어지는 철책을 보면 분단의 아픔이 저절로 느껴집니다. 철책 너머에는 버드나무 군락지와 갈대숲이 있어요. 이곳도 분단의 세월 동안 민간인의 출입을 금했습니다. 고양특례시 한강하구 장항습지에 자생하는 선버들 군락지는 야생동식물의 피난처가 되어 줍니다. 재두루미를 비롯해 저어새, 개리, 쇠기러기 무리가 이곳을 찾아 그들만의 자유를 만끽합니다. 장항습지는 대륙 간 이동 철새의 중간 기착지이자 서식지이기도 하지요.

장항습지에는 우리나라 토착 동물인 고라니가 100여 마리가량 서식하고 있어, 이곳에 오면 자주 마주치게 됩니다. 봄에 이 근처를 걷다 보면, 고라니가 연녹색 풀밭에서 풀을 뜯다가 얼굴을 삐죽 내미는 모습을 볼 수 있습니다. 고라니는 위협을 느끼면 잽싸게 줄행랑을 치지만, 안전하다고 생각하는 거리에 다다르면 걸음을 멈춘 채 다시 쳐다보는 습성이 있답니다. 그 틈에 삵도 슬며시 모습을 드러내 텃새와 철새를 긴장시킵니다.

파주시의 산남습지와 곡릉천 하구습지, 성동습지도 생명의 중요한 보금자리입니다. 서해로부터 밀려온 바닷물과 강물이 만나면서 기수역이 발달한 곳인데요. 특히 갈대가 군락을 이룬 습지는 분단의 현실 때문에 인간의 손길이 닿지 못하

물 먹는 고라니

고, 하구 둑을 건설하지 않아 바닷물과 민물이 뒤섞이면서 생물 다양성이 아주 높습니다. 임진강하구에도 습지가 많습니다. 임진강 최대 퇴적지인 초평도를 비롯해 임진강하구습지, 독수리의 월동지인 장단습지, 많은 철새가 쉬어 가는 문산습지 등이 있어요. 또 성동습지, 생명의 보물 곡릉천과 하구습지, 신남습지와 말똥게의 천국 장항습지가 많은 생명을 품고 있습니다.

습지는 '자연의 콩팥'이라 불릴 정도로 자정 작용 기능이 뛰어나고, 다양한 생물이 숨 쉬는 생태계의 보고입니다. 이러한 습지의 가치와 중요성을 알리기 위해 전 세계에서는 매년 2월 2일을 '세계 습지의 날'로 지정해 기념하고 있지요. 1971년 2월 2일, 이란 람사르에서 물새의 중요한 서식지인 습지대를 보호하기 위한 국제 협약인 '람사르협약'을 맺었습니다. 람사르협약은 현재 세계 172개국, 2523개소, 257만제곱킬로미터 규모의 땅을 보호 습지로 지정했습니다. 그중 우리나라는 1997년 강원특별자치도 인제군 대암산 용늪을 시작으로 경남 창녕군 우포늪, 전남 순천만·보성갯벌 등 총 26개소, 20만3189제곱킬로미터가 지정되어 보호받고 있습니다.

임진강 습지의 재두루미 무리

붉은머리오목눈이의 번식지

장항습지에서만 볼 수 있는
특별한 공생관계, 버드나무와 말똥게

악어 이빨에 끼어 있는 고기 찌꺼기를 악어새가 먹어 치우며 악어와 악어새는 서로 돕고 살아간다는 공생 이야기를 들어본 적이 있을 겁니다. 이처럼 장항습지에서만 볼 수 있는 아주 특별한 공생관계가 있습니다. 바로 버드나무와 말똥게의 공생입니다. 한강하구 장항습지는 민물과 바닷물이 만나는 기수역 생태계를 잘 보여 주는 곳입니다. 바닷물보다는 강물의 영향을 더 많이 받고, 버드나무 군락이 형성되어 있는데다, 주변에 갈대밭이 있어 많은 생명을 품고 있지요. 장항습지 버드나무 군락은 우리나라 최대 규모를 자랑합니다. 바로 이곳에 다른 곳에서는 볼 수 없는 말똥게와 버드나무의 공생의 비밀이 숨겨져 있습니다.

선버들의 푸른 잎은 말똥게의 주요 먹이입니다. 선버들잎을 먹은 말똥게의 배설물은 아주 좋은 비료가 되어 버드나무를 잘 자라게 합니다. 또 말똥게는 버드나무 뿌리 근처까지 집을 만들어 뿌리가 잘 호흡할 수 있도록 도와줍니다. 나무는 말똥게의 도움으로 더욱 튼튼하게 자라서 말똥게의 먹이가 되는 나뭇잎을 더 많이 만들어 냅니다. 말똥게의 피난처와 활동처로 이용되는 장항습지의 버드나무 군락지는 국제적으로도 보존 가치가 높은 습지 생태계입니다.

집게다리가 붉은색을 띠는 붉은발말똥게는 남해 서부와 서해 중부 이남의 바닷가 하구나 습지에 사는 바위겟과 생물입니다. 사각형의 등딱지는 길이가 2.8센티미터, 폭이 3.3센티미터 정도이며 홈이 파여 있습니다. 아가미로 호흡하기 때문에 늘 물기가 있는 곳에서 지냅니다. 장항습지는 우리나라 말똥게의 최대 서식지랍니다.

장항습지의 버드나무 군락과 말똥게 서식지

말똥게

민통선의 수서곤충

민통선은 비무장지대 남방한계선에서 남쪽으로 10~12킬로미터에 걸쳐 있는 지역입니다. 민통선 지역은 한국전쟁 전에는 활발한 삶의 터전이었습니다. 그러나 지금은 민간인의 출입이 제한되고, 영농 중심의 토지 이용만 허용된 상황입니다. 더불어 개발이 제한된 까닭에 DMZ와 생태 축을 연결하는 자연의 생명선으로 떠오르고 있지요. 인간의 접근이 어려운 산악지역은 희귀 동식물이 서식할 수 있는 좋은 보금자리가 되었습니다. 더 이상 사람의 손이 미치지 않는 과거의 주거지와 농경지는 독자적인 생태계로 발달해 자연생태학 분야의 새로운 연구 대상으로 떠올랐습니다.

민통선 곳곳에 펼쳐진 드넓은 평야에는 자연과 인간의 공존을 가늠해 볼 중요한 시험대가 있습니다. 바로 '둠벙'이라 부르는 물웅덩이인데요. 민통선 지역에서 농사를 짓기 위해 만들어 놓은 것입니다. 사람의 시각으로 보면 작은 물웅덩이에 불과합니다만, 자연의 창으로 보면 이 땅에서 사라져 가는 작은 물고기와 수서곤충을 위한 특별한 생명의 공간입니다.

이곳에는 지역별 특산어종과 이름만 들어도 고향 냄새가 물씬 풍기는 다양한 수서곤충들이 즐비합니다. 우선 버들잎처럼 호리호리하고 예쁜 생김새를 가진 버들붕어가 있고요. 수컷이 등에 알을 지고 다니며 부화시킨다고 해서 부성애의 상징

수서곤충들의 보금자리 민통선 둠벙

이 된 물자라, 매복과 위장의 천재 게아재비, 물속의 청소부 물방개, 물속의 포식자 물장군 등이 먹이사슬을 형성하며 서식하고 있습니다.

반가운 손님이 또 늘었습니다. 최근 서부 민통선 둠벙에서 멸종위기종인 금개구리가 서식하고 있는 것이 확인되었지요. 등에 황금색 옆줄이 선명한 금개구리의 개체 수가 해마다 조금씩 늘어나면서, 이곳에서 다양한 양서 파충류가 건강하게 살아간다는 사실을 알려 주고 있습니다.

더욱 놀라운 것은 우리가 안전한 먹을거리를 생산하면서 생태계도 함께 되살아나고 있다는 사실입니다. '뜸 뜸 뜸' 하며 울던 천연기념물 제446호 뜸부기는 멸종위기로 사라졌다가 다시 돌아온 주인공이지요. 서부 민통선 농경지에서 모가 한창 자라기 시작하는 5월 중순이면, 논 한가운데서 뜸부기의 울음소리가 울려 퍼집니다. 이처럼 민통선의 둠벙에는 작지만 소중한 우리 생명이 촘촘한 먹이사슬을 이루며 살아가고 있습니다.

뜸부기

분단선에서 생명선으로

버들붕어   수컷 등에 알을 낳고 있는 물자라 암컷

물방개   물장군

금개구리

전 세계 단 한 종 밖에 없는 연천군 은대리 물거미

거미 중 유일하게 수중생활을 하는 물거미는 전 세계 단 한 종만 존재하는 희귀종입니다. 이 물거미 서식지가 경기도 연천군 은대리에 있습니다. 물거미 서식지는 지반이 낮은 곳에 물이 고이면서 형성된 습지인데요. 이곳에는 물거미뿐만 아니라 금개구리와 게아재비 등 다양한 종류의 수서곤충과 식물들이 먹이사슬을 이루고 있습니다.

물거미는 우리나라에서 1950년대 중반 이후 오랫동안 발견되지 않아 멸종되었다고 추정하고 있었어요. 하지만 1995년 경기도 연천군 전곡읍 은대리 일대의 군 주둔 지역에서 물거미가 서식하고 있다는 사실이 확인되었지요. 2024년 개체 수 조사 결과, 은대리 서식지에 무려 2000여 마리가 서식한다고 합니다.

물거미의 생활사는 아주 독특합니다. 천적인 벌을 피해 물속 수초 사이에 종 모양의 공기집을 짓고 공기를 계속 채워 가며 살아갑니다. 알도 그 속에서 낳고 보호해요. 물거미의 공기집은 수초 사이에 거미줄을 치고 물 밖에서 가져온 공기 방울이 물 위로 올라가지 않게 만듭니다. 물거미가 공기 방울을 가져올 수 있는 이유는 배와 다리에 짧은 털이 빽빽이 나 있고 피부 표면이 거칠기 때문입니다. 그래서 물거미가 수면 위에서 아래로 내려오면 꽁무니 쪽에 공기 방울이 형성되지요. 수면 위아래를 오가며 공기 방울을 이어서 붙이면 자신이 물속에서 살아갈 수 있는 공기집이 지어집니다. 은백색의 공기집은 지름이 2센티미터 정도로, 물에 녹지 않고 잘 터지지도

공기 방울을 물어오는 물거미

않는다고 합니다.

물거미의 집

거미 대부분은 짝 짓기 도중 암컷이 수컷을 잡아먹거나 암컷 혼자 알을 키우지만, 물거미는 암수가 함께 키웁니다. 새끼가 태어나면 공기집도 함께 살 수 있게 더 넓힌다고 하네요. 보통 거미류는 암컷이 수컷보다 훨씬 큰데, 물거미는 수컷이 암컷보다 더 큰 것이 특징입니다. 비교적 잘 발달한 여덟 개의 눈과 수염 기관을 가지고 있어 감지 능력도 뛰어납니다. 먹이로는 실지렁이와 새우 등을 잡아먹는데, 먹이를 먹을 때도 주로 공기집 안에서 먹는다니 너무 신기합니다.

다른 거미류는 어릴 때 사회생활을 하고 청소년기에 해당하는 아성체 이후에는 단독생활을 하며 자기들끼리 서로 잡아먹기도 합니다. 하지만 물거미는 다른 거미들과는 다르게 서로 돕고 생활하는 사회성 있는 거미로 알려져 있습니다.

경기도 연천군 은대리 물거미 서식지는 독특한 생태와 높은 보존 가치 때문에 지난 1999년 천연기념물 제412호로 지정해 보호하고 있습니다.

분단선에서 생명선으로

민통선 마을 사람들

남방한계선과 민통선 사이에 있는 마을을 민통선 마을 혹은 민북마을이라 부릅니다. 민북마을은 민간인 통제구역 북쪽에 있다고 해서 붙은 이름이에요. 정전협정에서 남과 북은 군사분계선 인근에 마을을 한 곳씩 두기로 합의했습니다. 그렇게 경기도 파주시 군내면 조산리에 '자유의마을'이라고도 불리는 곳이 생겼지요. 대성동 자유의마을 건너편에는 북측의 선전마을인 기정동마을이 있습니다.

미군은 1954년 귀농선歸農線을 설정했습니다. 귀농선이란 말 그대로 출입 영농을 허용하는 경계선을 의미하는데요. 초소에서 군부대의 사전 허락을 받아야 들어가 농사를 지을 수 있었습니다. 귀농선 관리가 실질적으로 미군에서 한국군으로 넘어오게 되면서, 1954년 11월 경기도 연천군 백학면 열한 개의 리에 입주가 처음으로 허용되었습니다. 이렇게 부활한 민통선 마을을 자립안정촌이라 불렀습니다.

민통선 마을의 형태는 시대에 따라 달라집니다. 먼저 원주민과 출입 경작자를 포함한 이주민으로 구성된 자립안정촌이 있습니다. 경기도의 민북마을은 1950년대에 서른여섯 곳, 1960년대에 열네 곳, 1980년대에 두 곳 등 총 여든한

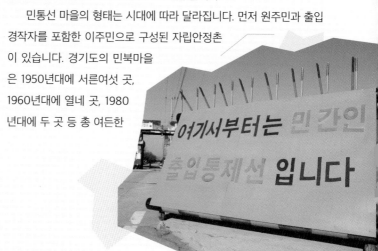

곳이 만들어졌습니다. 강원특별자치도에도 지난 1959년부터 스무 개의 자립안정촌, 아홉 개의 재건촌과 한 개의 통일촌 등 총 서른 곳의 민북마을이 조성되었습니다. 휴전협정 후 경기도와 강원특별자치도에 모두 113개의 민북마을이 생긴 것이지요. 재건촌은 국가가 특정한 목적을 두고 직접 만든 마을을 말합니다. 1960년대 후반 들어 정부는 북쪽에서 육안으로 보이는 전방 지역에 전략적으로 마을을 조성해 체제 우월성을 과시하려는 계획을 세웠습니다. 이러한 선전마을을 재건촌이라 하는데, 강원특별자치도에 여덟 곳, 경기도에 두 곳이 건설되었지요.

1970년대로 들어서며 여기서 한 단계 업그레이드해 투철한 '반공 의식'을 기치로 내걸고 조성한 마을이 통일촌입니다. 1972년 정부는 강원특별자치도 한 곳, 경기도 한 곳에 새로운 마을을 만들고, 제대군인과 실향민 가운데 희망자를 선발해 입주하도록 했습니다. 주민들은 농지를 소유할 수는 없고, 농사를 지을 수 있는 경작권만 있습니다.

통일촌 주민들은 황무지를 개간하며 옥토를 만드는 일은 물론, 최전방 마을답게 유사시 군사 임무도 부여받았습니다. 특히 철원군의 또 다른 민통선 마을인 김화읍 생창리는 1970년 원주민 세 가구를 제외하고 100가구 모두 제대군인이 자리를 잡은 마을입니다. '예비군 마을'이라 불러도 될 정도였다네요.

민통선 마을에 사는 주민이나 민통선에서 농사를 짓고 있는 사람들은 주민등록증과 비슷한 입주증이나 출입증을 가지고 있습니다. 민통선 지역으로 들어가려면 누구나 초소를 지키는 군인의 검문과 통제 속에서 허가를 받아야만 하고요. 민통선 안에서 민간인은 군복을 입고 돌아다닐 수 없습니다.

북한 기정동마을

파주시 대성동 자유의마을

철원 통일촌 유곡리마을

1년 사계절마다 출입 시간이 다르지만, 민통선 안에서는 보통 해가 뜰 때부터 해 질 때까지만 농사를 지을 수 있습니다. 물론 허가받지 않은 개간·영농·어로·수렵·약초 채취는 모두 금지됩니다. 비무장지대와 생태 축을 같이하는 민통선 지역은 환경이 잘 보존되어 있다는 입소문이 나면서 청정지역으로 주목받기 시작했는데요. 이에 따라 영농활동도 탄력을 받고 있습니다.

　　민통선 지역에서 재배되는 농산물은 소비자들 사이에서 인기가 좋습니다. 파주시 군내면 백연리 통일촌은 1996년부터 콩을 재배하기 시작했고, 전국에서 유명한 장단콩 축제를 열면서 슬로푸드 마을로 지정되기도 했습니다. 연천군 황산리마을은 율무의 주요 생산지입니다. 전국 생산량의 70퍼센트를 생산하며 농가 소득에 큰 보탬이 되고 있지요.

　　1982년부터 철원군이 생산한 오대쌀은 'DMZ 청정지역 재배'라는 강점으로 현재 다른 지역보다 비싼 값에 팔려 나가고 있습니다. 양구군 해안면의 일명 '펀치볼마을'은 시래기와 사과 주산지로, 농민들이 큰 소득을 올리고 있어요.

　　철원군 근남면 마현리마을의 파프리카도 빼놓을 수 없습니다. 이곳은 1960년 정부가 태풍 '사라'로 피해를 본 수재민 66세대를 이주시키면서 탄생한 민통선 마을인데요. 이주민들이 전쟁으로 황폐해진 땅을 일구어 철원을 대표하는 파프리카 산지를 만들어 '하우스 부농'이 되었습니다. 마현1리 입구에 있는 입주기념비에는 "전쟁 이후 버려진 황무지를 옥토로 가꾼 빛나는 업적을 우리는 알아야 한다"라는 문구를 새기는 등, 각 민북마을마다 폐허를 옥토로 만든 입주 1세대들의 숭고한 개척정신을 기리고 있습니다.

철원 마현리마을

철원 마현리마을 입주기념비

남북을 자유롭게 오가는
북한강 최상류 지역의 귀한 생물들

민통선을 지나 북한강 최상류를 오가는 군사 보급로에서는 차량 속도를 올려서는 안 됩니다. 어디에서 어떤 야생동물이 튀어나올지 모르기 때문이지요. 북한강 최상류 지역에서는 평소보기 드문 풍경이 펼쳐지는데, 천연 동물원이라고 해도 과언이 아닐 정도입니다. 풀숲에서 장끼^{수꿩} 한 마리가 한가롭게 노니는 모습도 쉽게 볼 수 있고, 해발 1048미터 소백암산 기슭으로 접어드는 지역의 철책에 딱새가 앉아 고단한 날개를 쉬는 모습도 볼 수 있습니다. 군사보급로 주변으로는 노루와 고라니가 나와 반갑게 인사를 건네기도 합니다. 철책 가까이 다가와 먹이활동을 하는 산양의 모습도 쉽게 볼 수 있습니다. 한번은 계곡에 물을 마시러 온 산양을 너무 가까이에서 만난 적이 있었는데 그 큰 눈망울을 지금도 잊을 수가 없습니다. 한여름이면 맑은 울음소리와 우아한 노란 깃털을 자랑하는 꾀꼬리도 만날 수 있는데, 둥지를 튼 나무 그늘에서 보일 듯 말 듯 날갯짓하다가 슬며시 자취를 감춥니다.

강으로 가볼까요? 검은댕기해오라기, 쇠물닭, 흰빰검둥오리 같은 물새들이 한가롭게 노니는 모습을 어렵지 않게 관찰할 수 있습니다. 강기슭에서는 원앙 무리가 날갯짓하며 강물위를 노닙니다. 우리는 마음대로 갈 수 없는 그곳에서 그들이누리는 자유가 부럽습니다. 계곡과 강, 강변과 산으로 이어지

수꿩

딱새

는 북한강에서는 봄부터 박새, 쇠박새, 곤줄박이 등 작은 텃새들이 합창하며 새 생명 탄생 작업에 돌입합니다. 깨끗한 계곡에서만 사는 물까마귀도 계곡 바위 옆에 이끼로 집을 짓고 번식에 들어갑니다. 새끼가 알을 깨고 나오면 어미는 계곡 이곳저곳을 다니며 물고기와 수서곤충을 잡아 새끼에게 먹입니다. 깨끗한 계곡이 있어야 물까마귀가 살아갈 수 있습니다. 5월이 되면 흰목물떼새도 더위는 아랑곳하지 않은 채 강변에서 알 품기를 반복하며 새 생명을 탄생시킵니다. 자갈이 많은 물가에 알을 낳아 번식하는 흰목물떼새는 하천 정비사업으로 번식지가 많이 훼손되면서 보기 어려운 귀한 텃새가 되었습니다.

수몰 위기에 놓인 강원특별자치도 양구 수입천의 소중한 친구들
2024년 7월 30일, 접경 지역 양구군이 술렁였습니다. 환경부가 기후 대응을 위해 새로운 댐 건설 후보지 14곳을 선정해 발표했는데, 이 가운데 양구 수입천댐도 포함되었기 때문이죠. 양구 수입천댐은 예정된 14개 댐 후보지 가운데 저수량은 1억 톤으로 가장 크지만, 다목적댐으로 유명한 춘천 소양강댐 규모의 29분의 1에 해당합니다.

  양구군에 위치한 수입천은 북한강의 한 지류입니다. 전체 길이는 북한에서부터 파로호까지 34.8킬로미터, 1년 내내 수정처럼 맑은 물이 흐릅니다. 북한 수입면 청송령에서 발원하여 문등리를 지나고, 양구 방산면 건솔리, 송현리, 장평리, 현리, 금악리, 오미리를 우회하여 파로호로 흘러들어 가며 북한강과 만납니다. 하천 곳곳에 있는 기암괴석들은 강줄기와 어우

검은댕기해오라기

검은등할미새

원앙 암수

흰뺨검둥오리

물까마귀

흰목물떼새

곤줄박이

분단선에서 생명선으로

쇠박새

러져 천혜의 자연경관을 펼쳐놓습니다.

수입천에 댐이 생기면 DMZ 평화의 길은 물론 국내 최대 열목어 서식지 두타연이 없어집니다. 깊은 수심에서는 열목어가 살 수 없으니 열목어는 귀중한 보금자리를 잃게 되는 것이지요. 그러면 열목어들은 어디로 가서 살아야 하나요? 열목어뿐만이 아닙니다. 쉬리와 각시붕어, 모래무지 등 이름만 들어도 정겨운 우리 토종 민물고기들도 이곳에서는 다시는 관찰할 수 없을 것입니다.

민통선 안에 있는 두타연을 가려면 방문자 접수처 '금강산가는길 안내소'를 꼭 거쳐야 합니다. 하지만 댐이 생기면 안내소 철문에서 바로 이어지는 뽀얀 흙먼지를 피우는 비포장 군사도로도 다시는 볼 수 없을 겁니다. 비포장도로 양옆에 지뢰 표지판이 달린 철조망 안쪽은 미확인 지뢰지대지만 텃새와 고라니, 산양, 멧돼지 등의 포유동물에게는 둘도 없는 안식처입니다.

2019년, 양구 두타연 조각공원 잔디밭에 산양 다섯 마리가 나타나 한가로이 풀을 뜯는 놀라운 장면이 연출되었습니다. 방문객들이 지나가도 산양들은 큰 경계심을 보이지 않았습니다. 인간과 자연이 공존할 수 있다는 사실을 직접 보여 주는 사건이었습니다. 두타연 일대는 우리나라 최대의 산양 서식지로, 댐이 생기면 모두 수장될 것이고, 산양 역시 삶의 보금자리를 잃게 될 것입니다. 왜냐하면 산양들은 자신들이 태어난 곳에서 크게 이동하지 않는 습성이 있기 때문입니다. 남북한 사이에 비무장지대가 생기면서 자연이 스스로 회복한 모든 소중한 생명들의 터전이 사라질 위기에 놓였다가 정부의 댐 건설 보류 조치로 간신

산양

노루

북한강 상류의 고라니

히 수몰 위기에서 벗어날 수 있었습니다. 그러나 아직 댐 건설 계획이 완전히 취소된 것이 아닙니다. 만약 댐이 건설되어 귀한 생명들이 모두 수장될 것이라 생각하면 너무 안타깝습니다. 이곳에 절대 댐이 건설되면 안 됩니다.

힘차게 강물을 거슬러 오르는 열목어

그러면 DMZ의 살아 있는 귀한 보물인 열목어가 어떤 생명인지, 어떻게 살아가는지 알아볼까요? 해마다 연둣빛 새 생명이 피어나는 봄이 되면, 양구 민통선 안에 있는 두타연에서는 열목어들의 대이동이 시작됩니다. 두타연은 1000년 전 이곳에 있던 '두타사'라는 절에서 생긴 이름입니다. 이곳은 우리나라 최대 열목어 서식지로 꼽힙니다. 두타연은 계곡물이 15미터 아래로 떨어지는 폭포 밑에서 잠시 쉬어 가는 곳이지만, 주위가 미확인 지뢰지대여서 긴장감을 더합니다.

　　연어과의 민물고기인 열목어는 생김새가 송어와 비슷해요. 몸길이는 60~70센티미터이며, 몸빛은 은색을 띕니다. 눈은 붉은색이고 옆구리와 등지느러미, 가슴지느러미에는 자줏빛을 띤 붉은색 점들이 많습니다. 열목어는 차고 깨끗한 물을 좋아해 한여름에도 물 온도가 20도를 넘지 않는 곳에서만 살 수 있습니다. 그래서 한반도, 시베리아, 유럽, 북아메리카 등지에 분포하고 있지요.

　　4월 중순에서 5월 초순, 열목어는 자신이 태어난 계곡을 찾아 강물을 거슬러 오릅니다. 힘든 여행의 첫 번째 고비는 두타연 폭포입니다. 15미터나 되는 폭포를 거슬러 오르기는 불

양구 두타연

산란터를 찾아 폭포를 거슬러 오르는 열목어

가능해 보이지만, 포기하는 열목어는 한 마리도 없습니다. 폭포수에 튕겨 떨어지고 또 떨어져도 마침내 폭포를 거슬러 오를 때까지 열목어의 도전은 계속됩니다. 거센 물살을 거슬러 오르는 것도 힘들지만, 곳곳에서 열목어를 노리는 너구리도 여행을 방해하는 천적입니다. 열목어 떼의 움직임을 눈치채고 나타난 너구리들은 호시탐탐 열목어를 노리다가 힘이 빠진 녀석들을 골라 잽싸게 낚아채서 잡아먹곤 합니다.

열목어가 이렇게 위험을 무릅쓰고 상류로 이동하는 까닭은 알을 낳을 수 있는 산란터를 찾기 위해서입니다. 깨끗하면서도 물살이 빠르지 않은 하천 가장자리에 알을 낳으려는 열목어의 여정은 70년 넘게 이어져 왔습니다. 열목어는 사람은 갈 수 없는 북녘의 강줄기를 넘나들면서 그 끈질긴 생명력으로 북한강 상류를 지키고 있습니다.

민물고기의 표범 황금빛 황쏘가리

민통선 북한강에는 일반인의 어로 행위가 제한되어 있어 다양한 물고기가 먹이사슬을 잘 유지하고 있습니다. 특히 이곳은 쏘가리 서식 밀도가 높은 지역입니다. 최북단 DMZ 북한강은 물이 빠르게 흐르고 바닥에 바위와 여울강이나 바다 따위의 바닥이 얕거나 폭이 좁아 물살이 세게 흐르는 곳이 많아 쏘가리가 서식하기에 너무 좋은 조건을 가지고 있습니다. 육식성인 쏘가리는 주로 바위 밑에 숨어 있다 지나가는 작은 물고기를 잽싸게 낚아채 잡아먹습니다. 쏘가리는 자신에게 위협이 가해지면 등지느러미에 달린 가시를 세워 접근하는 물고기나 사람을 공격합니다. 쏘가리는

황쏘가리

쏘가리

지느러미에 달린 가시로 쏜다고 해서 붙여진 이름이랍니다. 저도 특집 다큐멘터리를 제작하다 쏘가리에 손가락을 쏘인 적이 있었는데요, 장갑을 끼었는데도 피가 나는 상처를 입었습니다.

쏘가리 중에는 비단잉어처럼 황금빛이 나는 쏘가리가 있습니다. 바로 전 세계에서 우리나라와 중국에만 있는 황쏘가리입니다. 황쏘가리는 쏘가리와 마찬가지로 온몸에 표범 같은 얼룩무늬가 있어 '민물고기의 표범'이라 불립니다. 쏘가리는 몸집이 큰 물고기인데, 황쏘가리 역시 몸길이가 20~40센티미터나 됩니다. 천적이 없는 북한강 상류에서는 더 큰 것도 관찰됩니다. 북한강 남방한계선인 오작교 위에서 보면 황쏘가리 여러 마리가 유유히 유영하는 모습을 볼 수 있습니다. 황쏘가리는 몸속의 검은 색소가 퇴화하면서 몸의 바탕색이 드러나 보이는데요. 일종의 돌연변이라 할 수 있습니다. 색소 퇴화는 유전성이라, 암컷이든 수컷이든 어느 한쪽이 황쏘가리 형질을 가져야만 그들 사이의 새끼도 황쏘가리로 태어납니다.

북한강 특집 방송을 제작할 때, 쏘가리 산란과 수정 과정을 촬영하다가 놀라운 광경을 처음으로 목격했습니다. 여러 마리의 수컷 쏘가리가 암컷 주변에서 암컷이 알을 낳으면 정액을 뿌리려고 거친 물살을 거스르며 기다리고 있었습니다. 이때 배가 고팠던 암컷 쏘가리가 옆에서 사랑을 나누려고 기다리던 수컷 쏘가리를 잡아먹는 장면이 물속에 설치한 카메라에 포착되었답니다. 수컷까지 잡아먹으며 번식 작업에 죽을힘을 다하는 암컷 쏘가리! 물속에서 벌어지는 쏘가리의 놀라운 번식 비밀이 밝혀지는 순간이었습니다.

분단선에서 생명선으로

세계적으로 희귀한 황쏘가리가 북한강 상류에 서식하는 이유는 그곳의 물이 맑고 피라미와 갈겨니 등 먹이가 되는 물고기들이 많기 때문입니다. 한강의 황쏘가리는 천연기념물 제190호로 지정되어 보호받고 있습니다. 황쏘가리의 수를 늘리기 위해 황쏘가리 알을 인공 부화해 새끼 황쏘가리를 한강 등에 방류하는 일도 하고 있답니다. 최근에는 황쏘가리 서식지인 강원특별자치도 화천군 화천읍 동촌리 일원을 천연기념물 제532호로 지정해 효과적인 보호 관리에 나서고 있기도 합니다. 강원특별자치도 화천군 평화의댐 위쪽 수역은 서식하는 황쏘가리 개체 수가 많고, 군사지역이라 인위적인 서식처 교란 요인이 없어 천혜의 자연성이 매우 높은 지역으로 평가받고 있습니다.

알래스카에서 고향으로 돌아오는 연어

해마다 10월 초순이 되면 동해안 비무장지대를 지나 철책이 놓인 작은 하천에 반가운 손님들이 찾아옵니다. 큰 바다에 나가 살다가 알을 낳으러 고향으로 돌아오는 연어가 바로 그 주인공입니다. 멀리 알래스카에서 살던 연어들은 고향을 떠난 지 3~5년째 되는 가을에 수천 킬로미터를 여행하여 강원특별자치도 고성군의 명파천과 양양군의 남대천 등으로 돌아옵니다. 작은 물고기나 오징어 따위를 먹고 사는 연어는 고향으로 돌아올 때가 되면 몸길이가 60~70센티미터로 자라고, 몸무게도 5킬로그램이나 나갑니다. 하지만 어른 팔뚝만 한 연어에게도 귀향길은 너무나 멀고 험해서 정작 고향으로 돌아오는 연어는 100마리 중 두 마리에서 다섯 마리밖에 되지 않습니다. 긴긴 여행 끝에 동해에 다다르면, 연어들은 바닷물과 민물이 만나는 강어귀에서 잠깐 쉽니다. 소금기 없는 강물에 몸이 익숙해질 때까지 기다리는 것이지요. 그러다가 가을비가 내리고 강물이 불어나기 시작하면, 다시 고향을 향해 물살을 거슬러 오릅니다. 자기가 태어난 강의 냄새를 기억했다가 고향을 찾아가는 것입니다.

강에 도착할 때쯤이면 원래 은빛이었던 연어의 몸에 붉은 반점이 생겨납니다. 이것은 짝짓기할 때가 되었다는 신호로 '혼인색을 띤다'라고 표현합니다. 짝짓기를 앞둔 수컷 연어는 코끝이 휘어지고 이빨도 날카로워집니다. 그런데 거기에는 그럴 만한 까닭이 있습니다. 암컷 한 마리의 사랑을 얻기 위해 수컷 서너 마리가 따라다니다 보니, 수컷끼리 불가피하게 싸울 수밖에 없어서지요. 그래서 수컷들은 짝짓기할 때가 되면 몸 자체가 날카로운 무기로 변합니다. 아무리 많은 수컷 연어가 서로 싸워도 결국 마지막에 이긴 수컷 한 마리가 암컷과 짝짓기를 하게 됩니다. 부부가 된 암컷과 수컷은 다정하게 알 낳을 곳을 찾아가는데요. 알 낳을 때가 가까워질수록 연어들은 단숨에 물살을 헤치고 더 맑은 물이 있는 상류로 거슬러 올라갑니다. 연어들은 강을 거슬러 오르기 시작하면 그때부터는 아무것도 먹지 않습니다. 바다에 살 때 몸속에 모아 두었던 영양분만으로 버티면서, 알 낳기 좋은 곳을 찾을 때까지 계속 상류로 올라가는 일에만 온 힘을 기울입니다.

연어들은 강바닥에서 물이 솟아 나오는 곳에 알을 낳습니다. 그런 곳은 1년 내내 물의 온도가 거의 일정하고 겨울에도 얼지 않기 때문입니다. 마침내 찾아낸 곳이 알을 낳기에 적

남북 강원도 연어 치어 방류 교류 협력사업

당하다고 생각되면, 암컷은 몸을 옆으로 하고 꼬리지느러미를 위아래로 흔들면서 강바닥을 파헤칩니다. 그렇게 해서 지름 1미터, 깊이 30~50센티미터 정도 되는 모래 구덩이를 만드는데, 암컷이 구덩이를 만드는 동안 수컷은 곁에서 다른 수컷이 다가오지 못하게 보초를 섭니다. 모든 준비를 끝내면 암컷은 구덩이에 알을 낳기 시작합니다. 암컷은 약 10초 동안 3000개 정도의 알을 낳고, 수컷은 그 위에 정자를 뿌려 수정을 시킵니다. 그러면 암컷은 꼬리지느러미를 흔들어 모래로 알을 덮은 뒤 그 주변을 헤엄쳐 다닙니다. 혹시 다른 암컷이 자신의 구덩이에 알을 낳을까 봐 지키는 것이지요.

오직 알을 낳으려고 여행을 시작했던 연어들은 알을 낳은 뒤에는 안타깝게도 곧바로 죽음에 이릅니다. 머나먼 바다를 헤엄쳐 오느라, 고향을 찾아 강물을 거슬러 오르느라, 또 알을 낳느라 모든 힘을 다 써 버렸기 때문입니다. 이렇게 새 생명을 준비하고 죽은 암컷과 수컷 연어는 새와 다른 물고기들의 먹이가 되고, 박테리아에 의해 분해되면서 플랑크톤의 먹이도 됩니다. 그리고 이듬해 봄, 알에서 깨어난 새끼 연어들은 죽은 부모의 영양분으로 번식한 플랑크톤을 먹고 무럭무럭 자라나 다시 먼 바다를 향한 여행길에 오르게 됩니다. 언젠가는 자기가 태어난 고향으로 다시 돌아오겠다는 꿈을 간직하고서 말이지요

연어 알

분단선에서 생명선으로

고성 명파천의 연어 산란터

알을 낳고 죽은 연어

북한강 상류에 남아 있는 전쟁의 상흔

"초연이 쓸고 간 깊은 계곡, 깊은 계곡 양지 녘에 / 비바람 긴 세월로 이름 모를, 이름 모를 비목이여 / 먼 고향 초동친구 두고 온 하늘가 그리워 마디마디 이끼 되어 맺혔네" 유명한 가곡 '비목'의 가사입니다. 이 가곡의 가사가 탄생한 곳이 바로 북한강 상류 백암산 골짜기입니다. 비목은 '나무로 만든 비碑'라는 뜻으로, 비석碑石의 석石을 목木으로 바꾼 단어입니다. 작사자 한명희는 백암산 수색대대 OP에서 소대장으로 군 생활을 했습니다. 군 시절 양지쪽 산모퉁이에 한국전쟁 당시 목숨을 잃은 무명용사들의 돌무덤과 철모가 올려진 비목을 보고 그들의 희생정신과 나라 사랑 정신을 기리기 위해 가곡 '비목'의 노랫말을 썼다고 합니다. 지금은 천연 동물원이 되었지만, 과거 치열한 전투가 벌어졌던 북한강 상류에는 여전히 전쟁의 상흔이 고스란히 남아 있습니다. 북한강 상류에 갈 때마다 이름도 무덤도 비석도 없이 나라를 위해 목숨 바친 군인들을 늘 생각한답니다.

비목

남북을 흐르는 강 위로 비행하는 DMZ의 여름 철새들

'불새'라 불리는 호반새

신록이 더욱 푸르러지는 DMZ의 5월, 분단된 산하에도 생명의 빛깔이 수를 놓습니다. 해마다 이맘때면 여름 철새들이 번식을 위해 DMZ와 지뢰밭 숲속을 찾아옵니다. 그중에서도 온몸의 색깔이 주황색인 호반새가 짝을 찾기 위해 사랑의 세레나데를 부릅니다. '호르르륵 호르르륵' 수컷이 목청껏 노래를 부르면 암컷이 수줍은 듯 나뭇가지에 앉아 응답하지요. 수컷은 암컷의 마음을 얻기 위해 개구리나 작은 새들을 사냥해 선물로 전달합니다. 호반새는 오색딱다구리가 번식을 마친 둥지를 보수해 보금자리를 마련합니다. 몸집에 비해 긴 부리를 갖고 있는 호반새는 보통 서너 개의 알을 낳아 품습니다. 먹이는 주로 계곡에서 곤충이나 지렁이, 개구리, 가재 등을 즐겨 사냥하지요.

호반새는 안타까운 전설과 함께 '불새'라는 별명으로도 불립니다. 옛날 옛적에 부모 말을 잘 안 듣는 아들이 있었습니다. 어머니가 많이 아파 아들에게 물을 달라 했더니 물은 안 드리고 화로에서 타고 있는 붉은 숯덩이를 보여 주었다고 합니다. 어머니는 결국 안타깝게 죽고 말았습니다. 불효자인 아들은 신의 저주를 받아 숯덩이처럼 빨간 호반새가 되었다고 합니다. 빨간 새가 된 아들은 물에 비친 빨간 자신의 모습이

불처럼 보여서 물을 마실 수 없었습니다. 그래서 호반새는 빗물을 조금씩 받아 먹게 되었고, 그늘진 숲속을 다니며 주로 사냥을 하는 습성이 생겼다고 합니다. 어린 새끼들이 둥지를 떠날 때도 장마가 끝나는 6월 하순에서 7월 초순입니다. 농촌에서는 빗속을 날아다니며 '호르륵 호르륵' 운다고 '빗쪼록새'라고도 부른답니다. DMZ 숲속에서 호반새를 어렵게 본 적이 있습니다. 어미 호반새가 긴 장마 끝에 몸을 말리러 나온 뱀을 사냥해 새끼들에게 먹이는 모습을 관찰할 수 있었지요. 마침 이소를 앞둔 새끼들에게 뱀은 더할 나위 없는 보양식이었을 것입니다.

온몸이 파란색을 띠는 물총새, 날개와 등쪽의 깃털이 청색이고 부리가 주황색인 청호반새는 호반새와 친척 관계입니다. 하지만 번식 장소는 다릅니다. 호반새와 달리 물총새와 청호반새는 모래 벼랑에 둥지를 만듭니다. 흙 벼랑에 1미터 정도로 흙을 파내어 그곳에 안전하게 둥지를 만들지요. 3주가량 알을 품으면 새끼들이 알에서 태어납니다. 이때부터 부모 새들의 날갯짓이 바빠집니다.

물총새는 맑은 냇가 나뭇가지에 앉아 물속을 들여다 보다 피라미나 버들치 같은 물고기의 움직임을 확인하는 순간 총알처럼 물속으로 뛰어들어 사냥합니다. 비무장지대 철책선은 물총새, 청호반새, 호반새가 잠시 쉬며 사냥감을 물색하는 장소랍니다. 물총새가 철책에 앉아 물속을 살피다가 쏜살같이 뛰어들면 '첨벙' 소리가 나며 작은 물방울이 사방으로 튀어 오릅니다. 순식간에 나타난 물총새의 긴 부리에는 작은 물고기

뱀을 잡은 호반새

물고기를 잡은 물총새

한 마리가 꼬리를 파닥거리고 있답니다.

　　청호반새나 호반새도 철책이나 DMZ 계곡 숲속에서 개구리나 가재 등을 사냥해 새끼가 기다리는 둥지로 날아갑니다. 누구의 방해도 받지 않고 물총새, 청호반새, 호반새 들이 분주히 먹잇감을 찾아서 날갯짓을 하는 동안 DMZ의 여름도 깊어만 갑니다. 세상에 나온 새끼들은 자연에서 살아가는 방법을 배운 뒤, 가을이면 다시 따뜻한 남쪽 나라로 겨울을 나러 이동합니다. 커다란 환경 변화만 없다면 다음 해 초여름 이 귀한 새들은 새 생명을 탄생시키기 위해 다시 DMZ를 찾아올 것입니다.

청호반새

분단선에서 생명선으로

희망의 상징 파랑새

70여 년 전 치열한 전투가 벌어졌던 중동부전선에 무더운 여름이 시작되면 최전선의 적막을 깨는 여름 철새가 찾아옵니다. 마치 전투기처럼 높고 푸른 하늘을 날아다니며 곤충을 사냥하는 파랑새입니다. '케엣 케엣'처럼도 들리고 또 '게게게게, 게게게게'로도 들리는 파랑새의 울음소리는 그리 청량하지 않아도 하늘을 나는 속도만큼은 재빠르답니다. 새들 대부분이 5월 말에서 6월 초순쯤 번식에 들어가기 때문에 까막딱다구리나 까치가 번식을 마친 그 둥지를 보수해 사용합니다. 보금자리가 마련되면 수컷은 계속 곤충을 잡아 암컷에게 주며 사랑을 고백합니다.

파랑새는 비무장지대 철책에 앉아 잠시 쉬다가도 먹잇감이 나타나면 빛의 속도로 하늘을 날아가 잠자리나 매미 같은

파랑새

곤충을 주로 사냥합니다. 잠자리를 물고 오는 파랑새를 보면 마치 면사포를 쓴 새색시처럼 보이기도 해요. 새끼들이 어릴 때에는 나무 둥지 안으로 들어가 먹이를 먹이고 새끼가 자라서 밖으로 고개를 내밀면 둥지 입구에서 먹이를 줍니다.

파랑새가 등장하는 '새야 새야 파랑새야'라는 전래동요가 있습니다. "새야 새야 파랑새야 / 녹두밭에 앉지 마라 / 녹두꽃이 떨어지면 / 청포장수 울고 간다" 너무 유명한 이 노래는 동학농민운동이 일어났을 무렵 널리 불리기 시작했다고 합니다. 이 노래에서 마치 폭군처럼 하늘을 휘젓고 다니는 파랑새는 관군이나 일본군을 의미하고, 녹두꽃은 몸집이 작아 녹두장군으로 불렸던 전봉준 장군을 상징했다고 하네요. 자연을 늘 가까이 했던 우리 선조들은 백성의 설움을 새와 꽃에 비유해 노래했습니다. 노래 가사에서 그 정서와 예리한 관찰력을 엿볼 수 있습니다.

파랑새는 동서양을 막론하고 희망을 상징합니다. 많은 사람이 파랑새가 진짜 있는지 궁금해 하는데요. 파랑새는 우리나라에 찾아와 번식을 하고 가을이면 따뜻한 남쪽나라로 이동하는 여름 철새입니다. 몸 색깔이 대부분 청록색인데다, 날개에 태극무늬 흰 반점이 있고, 부리와 발은 붉은 주황색인데 부리가 굵고 짧습니다. 희망의 상징인 파랑새가 비무장지대 남북의 하늘을 자유롭게 날아다니는 것처럼 남북의 평화와 통일이 하루 빨리 다가와 우리도 마음대로 오갈 수 있었으면 좋겠습니다.

먹이를 물고 가는 어미 파랑새

파랑새 암수

철새를 부르는 동해 DMZ의 자연호수

강원특별자치도 고성에서 7번 국도를 타고 북쪽으로 달리다 보면 고성 통일전망대가 나옵니다. 이곳에서부터는 더 이상 북쪽으로 갈 수 없습니다. 통일전망대에서는 우리나라의 명산 금강산이 보입니다. 맑은 날이면 금강산의 왼쪽 끝자락인 적벽산이 보이고, 오른쪽으로는 낙타 등처럼 구부러진 구선봉을 볼 수 있지요. 특히 기암괴석이 병풍처럼 둘러싼 구선봉은 아홉 신선이 바위 꼭대기에서 바둑을 두며 놀았다 하여 붙은 이름입니다.

금강산 자락을 유심히 살피다 보면 작은 호수가 하나 보이는데요. 그곳이 바로 전설 '선녀와 나무꾼' 이야기의 배경이 되는 곳입니다. 하늘에서 내려온 선녀들이 목욕하던 곳으로 전해지는 호수, 바로 금강산의 '감호'입니다. 감호는 호수이면서도 바다의 영양분인 플랑크톤이 풍부해, 바닷물고기와 민물고기가 한데 어우러져 살아갑니다. 새들의 먹이가 되는 물고기가 넉넉한 까닭에 철새들도 즐겨 찾는 곳이지요.

한국에는 자연호수가 드물지만, 동해안에서는 예외입니다. 화진포, 영랑호 등 일곱 개의 석호가 자태를 뽐내고 있기 때문입니다. 이 석호들은 대부분 약 6000년 전의 해빙기 무렵, 얼음이 녹고 바닷물이 넘쳐 육지로 밀려들면서 파도가 운반해 온 토사로 모래톱이 형성되면서 만들어졌습니다. 석호의 윤곽이 나타난 시기는 4000~4500년 전으로 추정하고 있습니다.

석호는 다양한 생물뿐만 아니라 화석 자료 등이 퇴적층에 보존되어 있어 생태적·역사적으로 중요한 가치를 지닙니다. 특히 시베리아에서 내려오는 철새들의 월동지나 경유지가 됩니다. 석호는 동해와 맞닿아 있어 해일이나 밀물 때 바닷물이 섞여드는 경우가 많습니다. 그래서 '소금호수'로도 불리는 석호는 담수 생물과 해양 생물을 한꺼번에 관찰할 수 있는 곳

선녀와 나무꾼의 전설이 깃든 금강산 감호

화진포

이기도 합니다.

  동해안 최대의 자연석호 화진포는 생
태학적 가치 때문에 지방기념물 제10호
로 지정해 보호하고 있습니다. 바다와
맞닿아 있어 신비로운 경치를 뽐내는
화진포는 주변으로 울창한 소나무 숲
이 둘러싸고 있습니다. 해변의 기
암괴석은 하얀 모래사장과도 멋
진 조화를 이루지요.

  화진포는 1990년대까지만 해
도 천연기념물 제201호인 흑고니의
국내 유일의 월동지였습니다. 현재는 오리류와
갈매기, 흰꼬리수리 등이 이곳에서 관찰되고 있습니다. 바닷물과 민물이
만나는 호수다 보니 전어나 숭어 등 바닷물고기와 미꾸라지, 가시고기
같은 민물고기가 함께 살고 있어서 많은 철새를 불러 모으고 있습니다.

흰꼬리수리

화진포의 겨울 철새들

화진포의 흑고니

우리에게는 분단선, 동물에게는 보호선

수달이 살아야 하천 생태계도 산다

수달은 오래전부터 무분별한 포획과 남획으로 이 땅에서 점점 그 자취가 사라졌습니다. 수달의 모피가 좋다는 입소문이 퍼지면서 무자비한 사냥이 벌어졌기 때문입니다. 《조선왕조실록》에는 "수달을 잡아서 모피를 벗겨 옷이나 모자, 목도리 등을 만들곤 했는데, 수달의 털은 질이 매우 좋아 고려인삼과 같이 귀한 상품으로 여겨졌다"라는 기록도 있습니다. 우리나라 전역에 서식하던 수달이 사라져 간 데에는 분명한 이유가 있었던 것이지요.

족제빗과 포유동물인 수달은 약 3000만 년 전에는 땅에서만 살았습니다. 하지만 오랜 세월이 흐르면서 땅보다 물에서 살기 편리하게 진화했지요. 다리는 짧아지고, 몸통은 길고 매끈하게 변했습니다. 또 물속을 자유롭게 헤엄쳐 다닐 수 있도록 앞발과 뒷발에는 넓적한 물갈퀴가 생겨났습니다.

수달의 얼굴은 매우 흥미롭게 생겼습니다. 얼굴에 살이 많아 다양한 표정을 지을 수 있는데, 동그란 얼굴이 무척 귀엽고 천진난만해 보입니다. 입 주변에 난 기다란 수염으로 물속에서 물고기의 움직임을 감지하지요. 잠수할 때는 귓구멍이 저절로 닫혀 귀마개가 없어도 물이 들어오지 않도록 막아 줍니다.

물고기를 잡아먹는 수달

수달은 '물속의 표범'이라고 불릴 정도로 물고기 사냥을 잘합니다. 보통 하루에 물고기 1~2킬로그램을 잡아먹는데, 이는 자기 몸무게의 10분의 1에 해당하는 아주 많은 양입니다. 수달은 낮에는 물속과 풀숲을 오가며 사냥하고, 밤에도 사냥을 멈추지 않습니다. 잡은 물고기는 바위 위에서 먹는데, 송곳니가 매우 날카로워 큰 물고기도 통째로 씹어 삼킬 수 있어요. 물고기 말고도 가재, 개구리, 새, 작은 짐승을 잡아먹기도 하지요. 한겨울에 강이 얼면, 수달은 얼음 숨구멍을 이용해 물속 물고기 사냥에 나섭니다. 물고기 두 마리를 한꺼번에 사냥할 때도 있습니다. 잡은 물고기는 얼음판 위로 물고 올라와 맛있게 먹습니다. 사냥 실력이 부족한 새끼 수달들은 어미에게 먹이를 나누어 달라고 보채지만, 어미는 주지 않습니다.

수달은 수생생태계의 먹이사슬에서 가장 위에 있는 육식성 포식자입니다. 하천 생태계의 질서와 건강을 유지하는 데 없어서는 안 될 매우 중요한 핵심종이기도 하지요. 수달이 있어야 하천 생태계의 여러 생물 종이 적절하게 조절됩니다. 북한강 상류에는 다행히 수달이 여러 쌍 살아가고 있습니다. 다리 자체가 남방한계선인 오작교 아래는 남한에 사는 수달이 북한을 방문할 수 있는 유일한 통로입니다. 강 속 철조망은 땅 위 철책선보다 촘촘하지 않아서 수달들이 쉽게 통과할 수 있지요.

수달은 한반도 평화와 통일의 상징이기도 합니다. 2006년 10월, 강원특별자치도 화천군 한국수달연구센터는 수달 증식·보전 사업을 위해 센터에서 보호하고 있던 수달을 북한

사냥에 성공한 수달

얼음판 위에서 잡은 물고기를 먹는 수달들

수달 가족

강 상류에 방사했습니다. 그리고는 분단의 강을 자유롭게 오갈 수 있는 수달을 한반도 평화와 통일을 위한 '평화통일대사'로 임명했습니다. 인간이 할 수 없는 일을 수달에게 대신 부탁하며 통일의 물꼬가 트이기를 기원했던 것이지요. 그 뒤로도 이곳에서는 여러 차례 수달을 북한강에 방류하는 행사를 열었고, 수달의 활동 반경을 추적·조사하는 연구도 함께 진행하고 있습니다.

북한강에서는 수달이 자주 관찰되지만, 안타깝게도 다른 하천에서는 수달의 모습을 보기가 쉽지 않습니다. 하천에 함부로 콘크리트 둑을 쌓아 수달이 살 곳을 파괴했기 때문입니다. 그나마 우리나라에서는 1982년부터 수달을 천연기념물 제330호로 정해 보호하고 있습니다. 하지만 이웃 나라 일본에서는 1980년대에 이미 수달이 완전히 사라졌습니다. 현재 전 세계에 13종의 수달이 살고 있는데, 이들 모두 멸종위기에 처해 있습니다. 국제자연보전연맹은 수달을 무엇보다도 먼저 보호해야 할 동물로 정해 놓았어요. "지구에서 수달이 사라진다는 것은 오염되지 않은 하천이 없고, 열대우림이 남아 있지 않으며, 훼손되지 않은 자연 습지도 없고, 오염되지 않은 물고기도 없는 세계가 된다는 의미다"라며 수달이 수생 생태계의 중요한 조절자임을 강조했습니다.

한국에서도 늦은 감은 있지만 2023년 수달을 보호하기 위해 전국의 수달 친구들이 한자리에 모였습니다. 전국 50여 단체와 개인들이 뭉쳐 '한국수달네트워크'를 만든 것입니다. 이들은 교육 프로그램의 개발과 운영, 전국 수달 캠페인, 수달

경계하는 수달 가족

관련 현안으로 연대와 보호 활동, 국제연대 등을 통해 수달 지키기에 나서고 있습니다.

한국수달네크워크는 수생생태계의 최고 포식자인 수달의 생태계가 훼손되면 수달이 가장 먼저 사라지고, 생태계가 회복되더라도 가장 마지막으로 돌아온다고 보고 있습니다. 수달을 지키는 일은 곧 하천 생태계의 건강을 지켜 생물 다양성을 증진하는 일이기도 합니다. 우리의 보호 작업이 계속될 때 북한강을 넘어 한반도 전역의 하천에서 수달을 관찰할 수 있는 그날이 곧 오겠지요.

분단선에서 생명선으로

얼마 남지 않은 물범의 낙원, 백령도

백령도, 대청도, 소청도, 연평도, 우도로 묶인 서해 5도는 북한 황해도와 가까워 늘 긴장감이 감돕니다. 그중 최북단인 인천광역시 옹진군 백령도는 지도에 민간인의 출입이 금지된 북방한계선NLL이 표시되어 있습니다. 남북은 한국전쟁 이후에도 이 서해에서 여러 번의 교전을 벌였습니다. 남북으로 대치한 병사들의 삼엄한 경비에도 아랑곳하지 않고 자유를 만끽하는 동물이 있습니다. 어떤 녀석일까요?

우리나라에서는 유일하게 백령도에만 터를 잡고 살아가고 있는 동물, 바로 물범입니다. 백령도 심청각에서 북쪽을 바라보면 바다 한가운데에 서너 개의 바위가 솟아 있는 것을 볼 수 있습니다. 바위야 다른 바다에서도 흔히 볼 수 있는 것인데, 이 바위가 특별한 이유가 무엇일까요? 이곳에 귀한 물범이 살고 있기 때문입니다. 물범과 물개를 혼동한 사람들이, 이 바위를 '물개바위'라 부르기도 합니다.

물범은 보통 몸길이가 1.4미터, 몸무게 90킬로그램으로 바다표범류 중에서 가장 덩치가 작은 포유동물입니다. 대부분 북극권을 중심으로 북태평양에 서식하며, 수온이 낮은 북태평양 알류산열도와 캄차카반도 일대 오호츠크해의 깊은 바다에서 많이 살고 있습니다. 물범은 언뜻 보면 물개와 비슷하지만, 물개와는 달리 앞발이 발달하지 않아서 배로 움직입니다. 그래서 움직임은 다소 우둔해 보이지만, 온몸에 검은색·흰색·회색 등의 얼룩이 있어서 겉으로 보기에는 표범처럼 날렵한 인상을 줍니다. 무엇보다 일부일처제로 번식한다는 점에서 물개와 구분되지요.

물범

물범은 1940년대까지만 해도 극동에서 1만 마리에 달했으나 무분별한 남획과 서식지 파괴로 1980년대 이후로는 2000여 마리에 불과한 희귀종이 되었습니다. 환경부 멸종위기 야생생물 2급, 천연기념물 제331호로 지정해 보호하고 있고요, 국제자연보전연맹의 적색목록에는 '멸종 우려' 대상으로 등재되었습니다.

백령도에 서식하는 물범은 잔점무늬물범으로, 흑회색 몸에 작은 검은색 점들이 고르게 박혀 있는 것이 특징입니다. 동그란 머리와 큰 눈망울, 강아지같이 귀여운 얼굴을 가진 물범은 바위 없이는 살아갈 수 없는 독특한 습성을 지니고 있습니다. 물범은 바다 속에서는 숨을 쉴 수 없어서, 수영을 하다가도 바위에 올라와 숨을 쉬어야 하기 때문이지요.

바위 면적이 좁은 백령도 물개바위에서는 항상 소동이 일어납니다. 좁은 바위 위에서 먼저 자리를 차지하기 위해 물범들끼리 살벌한 싸움을 벌이기 때문이지요. 집단생활을 하는 동물들이 다 그렇듯, 물범 사회에서도 강자에게만 휴식자리가 주어지는 냉엄한 위계질서가 존재합니다.

치열한 자리싸움에서도 예외가 되는 물범이 있는데, 바로 물범 집단을 이끄는 대장 물범입니다. 다른 물범들은 집단 내 가장 우두머리인 대장 물범의 자리는 감히 탐내지 않습니다. 물개바위 위에서 자리싸움이 끝나면, 싸움에서 이긴 물범들은 편안하게 휴식을 취합니다. 하지만 싸움에서 진 물범들이 호시탐탐 자리를 노리기 때문에, 경계를 게을리하지 않습니다. 한편 싸움에 진 물범들은 바위 주변을 맴돌다가, 끝이 조금이라도 드러난 바

바위 위에서 쉬는 물범들

백령도 콩돌해안

2장 비무장지대에 흐르는 생명의 물

위가 있으면 그곳에 올라가 잠시라도 휴식을 취합니다.

백령도 앞바다의 작은 바위 서너 개가 우리나라 최대의 물범 서식지가 되고 있다니 참 놀라운 일이 아닐 수 없어요. 물범은 보통 북위 45도 이북, 수온이 낮은 깊은 바다에 사는 동물입니다. 그런 물범들이 수심이 낮고 수온이 높은 백령도 물개바위에 터를 잡게 된 이유는 무엇일까요?

지난 70년 동안 백령도는 섬으로 들어오고 나가는 민간인에 대한 경계가 심하다 보니 사람들의 발길이 점점 뜸해졌습니다. 그러다 보니 자연스레 바다 속 환경이 오염되지 않고 깨끗하게 유지될 수 있지요. 게다가 백령도 물개바위 주변 바다 속에는 풍성한 해초 숲이 있습니다. 물범들이 몸을 숨기기에 알맞은 데다, 먹이가 되는 물고기가 많아서 충분한 휴식과 영양을 섭취할 수 있습니다. 지나친 포획과 그에 따른 환경오염으로 멸종위기에 처한 물범들에게는 살 만한 곳이 된 것입니다. 물범들은 안전하고 깨끗한 백령도 앞바다를 발견해 결국 자신들의 낙원으로 만들었습니다.

물속에서 몸놀림이 민첩한 물범은 '수중 곡예사'라는 별명도 갖고 있습니다. 중국 랴오둥만에서 새끼를 낳아 서해안으로 남하해 6월쯤부터 백령도에서 생활합니다. 새끼를 데리고 오는 이때가 서해안의 물범 개체 수가 가장 많은데, 300~500마리 정도가 백령도를 찾는다고 합니다. 더운 여름을 백령도에서 보낸 물범은 10월에 다시 북상하지요. 이처럼 백령도를 오가는 물범들에게는 분단으로 생겨난 서해안의 여러 경계선과 보이지 않는 국경선은 어쩌면 보호선이 아닐까 생각해 봅니다.

분단선에서 생명선으로

백령도 사곳해변 천연 비행장

3장

지뢰밭에서 살아가는
희귀한 동식물들

DMZ는 남방계 식물과 북방계 식물이 만나는 곳입니다. 특히 DMZ를 대표하는 희귀한 식물들은 향로봉에 모여 있지요. 민통선 대암산에는 우리나라에서 하나밖에 없는 고층습원인 '용늪'도 있답니다.
희귀식물뿐만 아니라 산과 계곡에는 온갖 야생동물들도 함께 살아가고 있습니다. 아이러니하게도 생명을 위협하는 지뢰밭이기 때문에 다양한 생명이 살아남을 수 있었습니다. 이번 장에서는 DMZ가 아니면 보기 힘든 동물과 식물 이야기를 만나 보세요.

희귀식물과 야생동물의 낙원, 향로봉

우리 조상들은 백두산에서 금강산, 설악산을 거쳐 지리산까지 뻗어 있는 동쪽 산맥을 따라 한반도의 정기가 흐른다고 믿었습니다. 이 산맥을 백두대간이라 부르는데, 사람으로 치면 척추에 해당하는 우리 국토의 중요한 뼈대입니다. 북녘에서 백두대간을 따라 내려오다가, 분단의 철책을 지나면서 맨 먼저 만나는 산이 향로봉입니다. 강원특별자치도 고성군과 인제군 사이에 위치한 향로봉은 높이가 1296미터로, 여기서는 금강산이 아주 가깝게 바라보입니다.

DMZ는 남방계 식물과 북방계 식물이 만나는 지역입니다. 한국의 DMZ 식물 대부분을 볼 수 있는 대표 지역인 향로봉에는 갖가지 희귀식물이 살고 있습니다. 또 향로봉에서 북쪽으로 이어지는 건봉산은 금강산으로 들어가는 길목으로 유명한데, 이 건봉산의 고진동 계곡 역시 온갖 야생동물과 희귀식물의 서식지로 잘 알려져 있지요.

4월 초순, 채 녹지 않은 눈과 얼음이 향로봉을 덮고 있을 때, 꽁꽁 언 땅을 뚫고 알록달록한 꽃들이 곳곳에서 피어납니다. 가장 먼저 꽃망울을 터뜨리는 식물은 황금색 잔 모양의 꽃을 피우는 봄의 전령사 복수초입니다. '눈 속에서 피는 연꽃'이라 불리며 많은 사랑을 받는 식물입니다. 눈 덮인 대지를 헤치고 올라오기 때문에 꽃 주변의 눈도 꽃 모양대로 녹습니

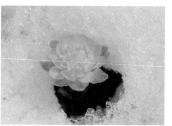

금강애기나리

복수초

솜다리

녹슨 철모 속에서 꽃을 피운 홀아비바람꽃

다. 추운 겨울을 이겨 내고 올라오는 생명력 때문인지 꽃말이 '영원한 행복'입니다.

보랏빛 얼레지꽃이 녹슨 철모에 난 총구멍 사이에서 피어납니다. 마치 전장에서 스러져 간 병사들의 영혼을 달래듯이 말이지요. 한국 특산식물인 금강애기나리도 살포시 꽃망울을 터뜨립니다. 금강애기나리의 꽃은 연한 황백색에 자주색 반점이 있는 것이 특징인데, 꽃이 너무 작아서 자세를 낮추지 않으면 관찰하기가 쉽지 않습니다. 홀아비바람꽃도 얼레지와 함께 군락을 이루며 봄꽃의 향연에 동참합니다. 이처럼 향기로운 꽃들이 가득 피는 봉우리라고 해서 '향로봉'이라는 이름이 생겼답니다.

'한국의 에델바이스'라고 불리는 솜다리는 꽃 모양이 향불을 피우는 향로를 닮았습니다. 솜다리는 높은 산에서 자라는 국화과 여러해살이풀로, 타원형 잎은 어긋나고, 7~9월에 회백색 꽃을 피웁니다. 향로봉은 우리나라에서 솜다리가 가장 많이 무리 지어 사는 곳입니다. 한국 특산식물 금강초롱꽃도 광복절 무렵 고귀한 모습을 드러냅니다. 향로봉으로 이어지는 군사보급로 주변이 솜다리와 금강초롱꽃의 자생지이지요.

향로봉에 이른 가을이 찾아오는 9월이면 순백의 구절초꽃과 긴오이풀의 검붉은 꽃이 온 산을 뒤덮습니다. 적군을 감시하는

흰얼레지

분단선에서 생명선으로

벙커 앞에서 활짝 핀 긴오이풀꽃을 보면 철책으로 둘러싸인 DMZ 숲에서 평화로운 세상을 만난 것 같습니다. 백두산에서 주로 자라는 분홍바늘꽃이 향로봉에도 있다는 사실도 확인되었습니다. 비무장지대

금강초롱꽃

의 동부 산악지대는 백두산에서부터 금강산을 거쳐 설악산으로 이어지는 백두대간의 축입니다. 그런 만큼 분홍바늘꽃 같은 백두산의 풀들이 백두대간을 타고 내려와 향로봉에 뿌리를 내린 것이지요.

향로봉에는 철 따라 피고 지는 꽃들과 함께 살아가는 야생동물도 많습니다. 멧돼지, 노루, 고라니를 비롯한 40여 종의 야생동물이 있지요. 이들 중에는 천연기념물 제330호 수달, 천연기념물 제216호 사향노루, 천연기념물 제217호 산양도 서식하고 있어 향로봉은 '천연기념물의 최대 서식지'로 꼽힙니다. 향로봉이 이렇게 많은 야생동물의 낙원이 된 것은 칡덩굴, 다래 줄기, 냉이, 쑥, 억새 줄기, 참나무잎 등 야생동물의 먹이가 곳곳에 자라고 있기 때문입니다. 향로봉은 1972년 한국자연보존회의 학술 조사가 진행되면서 생태계가 알려졌고, 그 일대가 천연기념물 제247호로 지정되었습니다.

긴오이풀과 구절초의 꽃이 핀 향로봉의 초가을 풍경

처녀치마

얼레지

둥근이질풀

분단선에서 생명선으로

북에서 남으로 내려와 동해로 흘러가는 남강

죽음의 땅에서 생명을 이어 가는 야생동물들

멧돼지, 산토끼, 고슴도치, 너구리, 족제비

'대인지뢰'가 무엇인지 알고 있나요? 말로는 들은 적이 있어
도 직접 본 사람은 거의 없을 것입니다. 전쟁의 발명품인 대인
지뢰는 생겨난 지 채 100년이 안 되었지만, 순식간에 전 세계
로 자기 제국을 확장해 왔습니다. 전쟁과 분쟁이 있는 곳이라
면 세계 어디든 땅속에 숨었다가 동물이든 사람이든 다가오
는 누군가의 발목이나 목숨을 노리지요.

아프가니스탄 1000만 개, 앙골라 1500만 개, 캄보디아
1000만 개, 이집트 2300만 개, 이란 1600만 개, 이라크 1000
만 개 등 전 세계에 수없이 많은 대인지뢰가 묻혀 있습니다.
지구촌 곳곳에서 1년에 2만6000건의 지뢰 사고가 일어나요.
매달 2000여 명의 민간인이 다치거나 죽는데, 희생자 중 20
퍼센트가 어린이들입니다. 계산해 보면 분쟁이 있는 곳에서는
20분마다 지뢰가 한 발씩 터지고 있는 셈입니다. 대인지뢰는
아군과 적군, 어른과 어린이를 가리지 않고 공격하기 때문에
'악마의 무기'라고도 불립니다. 동물도 예외가 아닙니다. 지
금까지 162만7000마리의 코끼리와 호랑이, 멧돼지와 사슴이
지뢰에 희생되었다는 보고도 있습니다.

아직도 평화의 길이 열리지 않은 한반도 비무장지대에
도 100만 개의 대인지뢰가 묻혀 있다고 합니다. 엄청난 숫자

고라니

지요. 그러니 민통선에서는 무엇보다 지뢰를 조심해야 합니다. 특히 북한은 폭발물이 든 나무상자, 이른바 목함지뢰를 설치해 놓았는데, 겉으로 보아서는 지뢰인지 알 수 없어서 더욱 위험합니다. 군사보급로를 제외한 모든 민통선 주변은 대인지뢰가 묻혀 있는 미확인 지뢰지대입니다. 어떤 지뢰가 어디에 묻혀 있는지 모르기 때문에, 지뢰를 알리는 빨간 푯말을 철조망 곳곳에 달아 두었답니다. 인간이 접근할 수 없는 죽음의 땅이라는 사실을 경고하는 것이지요.

이 미확인 지뢰밭에서 살아가는 야생동물 가운데 가장 눈에 띄는 것이 멧돼지입니다. 강원특별자치도 인제군 지뢰밭에 사는 멧돼지 가족은 오늘도 먹이를 찾아 어슬렁거리고 있어요. 엄마 멧돼지가 군사보급로에 차가 지나가는지 확인하고 새끼 멧돼지에게 신호를 보내면, 새끼 멧돼지들이 차례대로 군사보급로를 건넙니다. 지뢰밭에서 살다 보면 대인지뢰를 밟아 한쪽 다리를 잃는 경우도 생깁니다만, 멧돼지 가족들은 철책이 생기고 나서 벌써 70년 넘게 미확인 지뢰지대에서 끈질기게 생명을 이어 가고 있습니다.

가끔은 까마귀가 멧돼지 등에 올라타는 모습도 볼 수 있어요. 까마귀는 멧돼지의 등 이곳저곳을 가볍게 옮겨 다니며 부리로 진드기를 잡아먹습니다. 민통선 지뢰밭에서 살아가는 멧돼지와 까마귀는 악어와 악어새처럼 서로 도우며 살아갑니다. 민통선의 독특한 생태계가 만든 아름다운 풍경이지요.

아프리카돼지열병ASF, African Swine Fever이 발생하기 전에는 전방부대 각 소초에서 병사들이 먹다 남은 음식 찌꺼기를 멧돼지들에게 주었습니다. 멧돼지는 잡식성 동물이라 무엇이든 잘 먹지만, 아프리카돼지열병이 확산하면서 2019년부터 먹이 주기가 금지되었습니다. 멧돼지는 한 번에 새끼를 열 마리까지 낳을 정도로 번식력이 강합니다. 게다가 호랑이나 표범 등 멧돼지를 잡아먹을 수 있는 상위 포식자가 사라지면서 지금은 자연생태계에서 상위 포식자가 되었지요. 그러나 지금은 먹이도 부족하고 아프리카에서 유입된 바이러스 때문에 멧돼지들도 살아남기 무척 어려운 시기를 보내고 있습니다. 바이러스 퇴치와 더불어, 인간과 자연이 공존할 수 있는 묘안을 찾아야 할 때입니다.

지뢰밭의 멧돼지

지뢰밭에서 살아가는 네발 달린 짐승은 또 있습니다. 몸에 비해 귀가 엄청나게 큰 산토끼도 지뢰밭에서 볼 수 있지요. 산토끼는 우리가 생각하는 것보다 귀가 무척 큽니다. 몸길이가 45센티미터 정도인데 귀는 10센티미터나 된다고 해요. 귀가 자기 몸의 5분의 1 가까이 되는 셈입니다. 산토끼의 귀가 이렇게 큰 데에는 나름의 이유가 있습니다. 자신을 방어할 만한 별다른 무기가 없는데 다른 동물에게 잡아먹히지 않으려면 미리 알고 피하는 수밖에 없지요. 그래서 큰 귀로 자신에게 다가오는 위험을 알아채고는 재빨리 굴속에 숨는 것입니다. 주변 자연색과 비슷한 황갈색 털 역시 자신을 숨기기 위한 보호 장치라고 할 수 있습니다.

이번에는 온몸이 바늘 같은 가시로 덮인 고슴도치도 만나 볼까요? 고슴도치는 몸길이가 보통 20~30센티미터 정도 되고, 주둥이가 돼지처럼 뾰족하며, 다리가 짧은 것이 특징입니다. 고슴도치는 갓 태어날 때부터 가시가 있습니다. 처음에는 털처럼 부드럽다가 태어난 지 2~3일이 지나면 까맣고 단단하게 바뀌지요. 어미 고슴도치의 등에 있는 가시는 무려 5000여 개나 된다고 합니다. 고슴도치는 주로 지렁이 같은 무척추동물을 잡아먹지만 개구리와 어린 뱀, 작은 새와 쥐, 도토리와 버섯 따위도 먹이로 삼습니다. 가시를 이용한 변장술도 뛰어나지요. 적이 가까이 오면 곧바로 몸을 웅크려 밤송이처럼 만듭니다. 날카로운 가시 덩어리로 변하면 적은 물론이고 사람들조차 건드릴 엄두를 못 내지요. 이는 작은 고슴도치가 자신을 보호하는 방법입니다.

민통선 지뢰밭에서는 너구리도 쉽게 볼 수 있습니다. 몸집이 여우보다 작고, 주둥이가 뾰족하며, 꼬리가 뭉툭하게 생긴 친구입니다. 너구리는 갯과 포유동물 가운데 유일하게 겨울잠을 잡니다. 가을에 먹이를 충분히 먹으면 11월부터 이듬해 3월까지 동면에 듭니다. 너구리는 낮에는 굴속에서 잠을 자고 주로 밤에 활동하는 야행성 동물인데, 굴 파는 기술은 영 신통치 않나 봅니다. 여우나 오소리가 파 놓은 굴에서 살고 겨울잠도 자니까요.

겉모습과는 달리 너구리는 깨끗한 습성을 가진 동물입니다. 반드시 마른자리를 찾아 몸을 누이고, 배설도 꼭 정해 놓은 장소에만 한다고 해요. 최근 비무장지대에서는 너구리가 광견병을 옮긴다고 하여 경계의 대상이 되고 있습니다. 1990년대 말 민통선 근처 마을에서 광견병이 다시 발생했는데, 감

열목어 사냥에 나선 너구리

염 경로를 추적해 보니 민통선에서 살아가는 너구리로 확인되었다고 합니다.

족제비도 지뢰밭에 사는 식구입니다. 옛 속담에 '족제비도 낯짝이 있다'는 말이 있습니다. 예의와 염치를 모르고 오히려 뻔뻔하기까지 한 사람을 나무라는 말이지요. 실제로 족제비는 머리통이 좁고 뾰족해서 좁은 틈이나 굴을 드나들기 쉽습니다. 그렇게 좁은 낯을 가진 족제비도 잘못된 행동을 하다가 들키면 멈칫하고 도망치는 염치가 있다는 비유에서 나온 말이지요. 족제비의 몸길이는 수컷이 37센티미터, 암컷이 22센티미터 정도이며 몸빛은 누런 갈색을 띱니다. 네 다리는 짧고, 꼬리는 굵고 긴 것이 특징입니다. 족제비는 수리부엉이나 검독수리 같은 천적이 다가오면 항문샘에서 고약한 냄새를 피워 자신을 보호합니다.

족제비는 쥐를 비롯해 뱀이나 개구리 등을 잡아먹고 삽니다. 힘들게 농사지은 곡식을 축내는 쥐들을 잘 잡아먹으니 사람에게는 이로운 동물이지요. 예로부터 질기고 부드러운 족제비털은 붓이나 털옷을 만드는 데 사용되었습니다. 그 때문에 사람들이 족제비를 마구 잡아들여 개체 수가 크게 줄어들었지요. 그러니 사람의 발길이 끊긴 민통선 지뢰밭이 족제비가 끈질기게 생명을 이어 갈 수 있는 공간이 되었겠지요?

고슴도치

오소리

삵

족제비

비무장지대의 지뢰, 해결할 수 있을까?

어디에 묻혀 있는지 아무도 모르는 대인지뢰는 남과 북이 모두 가장 무서워하는 무기 중 하나입니다. 땅 위의 전쟁은 멈추었지만 지난 70년 넘게 땅속에서는 소리 없는 전쟁이 계속되고 있는 셈이지요. 머리 부분만 땅 위로 살며시 드러낸 대인지뢰는 밟는 순간 발목은 물론 그 사람의 생명까지도 앗아갈 수 있는 무서운 무기입니다. 그러니 통일이 되고 나서도 땅 속 지뢰를 제거하려면 많은 비용과 어려움이 따를 것입니다.

생태계를 파괴하지 않으면서 지뢰를 제거하려는 시도는 지금도 계속되고 있습니다. 대표적인 사업은 2000년으로 거슬러 올라갑니다. 6·15 남북정상회담이 열린 2000년, 강원특별자치도 인제군에서는 민통선의 평화적 이용 방안에 관한 논의가 활발하게 시작되었습니다. 죽음의 땅 지뢰밭을 생명의 땅으로 만들려는 구상이었지요.

당시 한국DMZ평화생명마을추진위원회위원장 정성헌는 인제군의 약 155만 제곱미터 규모 부지에 '비무장지대DMZ평화생명마을'을 조성한다는 계획을 발표했습니다. 전국의 각계인사가 참여해 관심을 기울였지요. DMZ 남쪽의 강원특별자치도 인제군 서화면 가전리와 송노평 일대는 전쟁의 상흔을 간직하고 있어 이 계획에 더없이 적절한 조건을 갖춘 곳이었습니다. 이곳에 생명마을, 자연생태공원, 평화공원 등을 갖추어 종합적인 문화·예술 공간을 갖춘 마을로 조성하려는 계획이었습니다. 완공되면 우리나라는 물론 인류의 평화와 생명의 존중을 기원하는 세계 각국 사람들이 찾아올 것이고, 이를 통해 국제사회의 평화와 생명운동 확산에도 기여할 것이라는 기대가 컸지요.

특히 눈길을 끈 것은 지뢰에 관한 것이었습니다. 한국전쟁 당시 매설된 지뢰 제거 작업을 대대적으로 펼치는 한편, 자연생태공원에는 탐방로를 제외하고 일부 지역은 매설된 지뢰를 그대로 두어 전쟁의 공포와 잔혹함이 어떤 것인지를 되새긴다는 야심 찬 계획이었습니다. 또 인류공동체의 친親평화·반反전쟁 행적을 모은 평화박물관, 유엔 산하의 평화 관련 기관 사무소, 세계적인 환경단체 지부 등이 들어서는 구상도 했습니다. DMZ평화생명마을 사업은 이데올로기 대립과 전쟁의 문화를 평화와 생명의 문화로 바꿔 나가려는, 민간이 주도하는 역사적인 시도였습니다. 하지만 아쉽게도 남북관계와 정치적 상황 때문에 제대로 추진력을 발휘하지 못했습니다. 백두대간의 중심인 인제에서 새로운 평화운동의 주춧돌을 놓았다는 평가를 받았지만, 끝까지 추진되지 못해 무척 아쉽습니다.

　일찌감치 한국전쟁 당시 매설된 수많은 지뢰를 제거하며 세계적인 지뢰 추방 운동에 동참했다면 어땠을까요? 적어도 분단 이후 남북한 군비 축소의 시작점이 될 수 있지 않았을까요? 하루빨리 대인지뢰의 위험이 없는 한반도를 만들어 가는 일이 중요합니다. 지뢰밭을 생명지대로 만드는 계획은 다시 추진되어야 합니다.

지뢰밭의 산양

미확인 지뢰지대

각종 지뢰

분단선에서 생명선으로

M14 발목지뢰

M16 대인지뢰

대전차지뢰

북한 목함지뢰

다람쥐와 하늘다람쥐

지뢰밭 숲속 소리에 조용히 귀 기울이면 아주 작게 낙엽 밟는 소리가 들립니다. 바로 지뢰밭에서 살아가는 귀여운 포유동물 다람쥐가 내는 소리입니다. 사사삭 사사삭 옮겨 다니는 다람쥐를 보면 죽음의 땅 지뢰밭이 생명의 공간으로 다가옵니다. 겨울을 준비하는 다람쥐는 10월에 가장 바쁩니다. 이 무렵에 만나는 다람쥐는 양 볼이 불룩한데, 도토리 같은 나무 열매를 잔뜩 물고 있기 때문입니다. 다람쥐는 이렇게 먹이를 입속에 담아 집으로 옮깁니다.

다람쥐의 집은 먹이 방, 잠자는 방, 화장실로 나뉘어 있습니다. 잠잘 때 춥지 않도록 잠자는 방은 가장 안쪽에 자리합니다. 먹이 방은 여러 개 만드는데, 어떤 때는 방이 너무 많아 자기도 못 찾을 때가 있다고 합니다. 다람쥐가 찾지 못한 나무 열매들은 봄이 되면 싹을 틔워 커다란 나무가 되기도 하지요. 다람쥐는 해마다 봄이면 나무 구멍 속에 새끼를 낳습니다. 새끼 다람쥐들은 바깥세상이 궁금하면 나무 구멍 속에서 밖을 내다보며 앞으로 살아갈 자연을 배웁니다. 어미의 보살핌으로 더욱 성장하면 혼자서 둥지와 바깥세상을 오가며 먹이를 찾는 방법도 익히지요.

다람쥐 중에는 하늘을 날아다니는 다람쥐가 있습니다. 우리에게는 잘 알려지지 않은 하늘다람쥐가 바로 그 주인공인데요. 몸집에 비해 큰 눈망울을 가지고 있는 하늘다람쥐는 한 번 보면 그 귀여운 모습을 잊을 수 없습니다. 천연기념물 제328호로 지정된 하늘다람쥐도 지뢰밭 숲속의 나무 구멍에서

분단선에서 생명선으로

다람쥐

살아갑니다.

하늘다람쥐는 날아가는 모습이 무척 신기합니다. 하늘다람쥐가 날 수 있는 것은 '비막'이 있기 때문이에요. 비막은 앞다리와 뒷다리 사이의 피부가 늘어져서 생긴 것으로, 나무와 나무 사이를 날아다닐 때 낙하산 같은 역할을 합니다. 하늘다람쥐는 해가 질 무렵 지뢰밭 둥지에서 나와 먼저 높은 나무로 잽싸게 올라간 후, 옮겨 갈 나무를 향해 번지 점프를 하듯이 뜁니다. 보통 7~8미터는 거뜬히 날고, 멀게는 20~30미터까지도 눈 깜짝할 새에 날아갈 수 있습니다.

하늘다람쥐

하늘다람쥐는 주로 침엽수림에 살면서 밤에만 활동하는 야행성 동물입니다. 그래서 주의 깊게 살피지 않으면 눈에 잘 띄지 않습니다. 낮에는 대개 오색딱따구리가 만들어 놓은 나무 구멍 속에서 잠을 자다가 밤이 되면 숲속을 돌아다닙니다. 수리부엉이나 올빼미 같은 밤의 사냥꾼들은 하늘다람쥐가 활동할 때를 숨죽여 기다립니다. 그래서 어미 하늘다람쥐는 새끼들이 야행성 맹금류의 표적이 되지 않도록 항상 경계하지요. 무시무시한 지뢰밭 숲속에 이런 귀한 생명이 살아가고 있다는 사실이 생각할수록 참 신기합니다.

분단선에서 생명선으로

신비의 팔색조와 꼬리가 긴 긴꼬리딱새

미확인 지뢰지대는 지뢰가 어디에 어떻게 얼마만큼 묻혀 있는지 알 수 없는 곳이라 전방의 병사들도 함부로 들어가지 않습니다. 사람의 시각으로 보면 죽음의 땅이자 공포의 공간이니까요. 그러나 자연의 눈으로 지뢰밭의 생명력을 들여다보면 아주 놀랍습니다. 사람의 발길이 끊어지면 자연은 스스로 땅을 복원하고 더 큰 숲을 이루니까요. 지뢰밭의 숲도 야생동식물의 중요한 보금자리가 되었습니다. 당연히 새에게도 지뢰밭은 중요한 삶터입니다. 백로와 왜가리의 번식지이자 딱새와 박새 등 텃새와 여름 철새들의 보금자리도 민통선 안 지뢰밭입니다. 여름 철새인 흰눈썹황금새를 비롯해 머리 깃이 인디언 추장처럼 생긴 후투티도 지뢰밭 숲속에서 새 생명을 키워 냅니다.

요즘 기후 변화로 새들의 번식지가 북상하고 있습니다. 예전에는 비무장지대나 접경지역에서 관찰되지 않던 여름 철새들이 지금은 곳곳에서 번식하는 모습이 포착됩니다. 그중에 한 종이 아름답기로 유명한 팔색조입니다. '호이호잇 호이호잇' 재미있고 독특한 소리를 내며 우는 신비의 새지요. 팔색조는 둥지 근처에 와서 어미가 도착했다는 사실을 새끼들에게 알립니다. 새끼들은 먹이를 받아먹기 위해 둥지 밖으로 머리를 내미느라 서로 경쟁을 벌입니다.

작은 나뭇가지를 켜켜이 쌓고 그 위에 이끼와 풀을 이용해 만든 팔색조 둥지는 입구 구멍이 작기도 하고 위장이 철저해서 자세히 관찰하지 않으면 찾기가 쉽지 않습니다. 게다가 새끼들은 이소하기 3~4일 전에 둥지 밖으로 머리를 내밀기 때문에 그제야 새끼와 어미를 한꺼번에 볼 수 있습니다.

　팔색조는 무지개처럼 아름다운 깃털 색을 가지고 있어, 한번 보면 그 아름다움을 잊을 수가 없습니다. 짧은 날개와 꼬리 때문에 전체적으로 통통해 보이는 몸매입니다. 부리는 굵직하고 검은색이며, 이마에서 뒷머리까지는 갈색입니다. 정수리는 황갈색, 눈썹선은 흐린 노란색, 배의 한가운데부터 아래 꼬리덮깃까지는 빨간색입니다. 꼬리는 검은 녹색, 다리는 노란빛이 도는 갈색으로 전체적으로 아름답고 오묘한 색깔이 조화를 이루고 있지요. 귀한 여름 철새인 팔색조는 멸종위기에 처해 있어 천연기념물 제204호로 지정해 보호하고 있습니다.

　팔색조도 비무장지대에서 새 생명을 키워 냅니다. 특히 팔색조는 지구온난화 때문에 번식지가 북상하면서 최근에 철원과 화천 등 비무장지대 근처 계곡에서 번식하는 모습이 확인되었습니다. 팔색조는 주로 지렁이나 곤충을 잡다 새끼에게 먹입니다. 특히 지렁이는 팔색조가 가장 좋아하는 먹이입니다. 팔색조는 번식이 끝나 늦가을이 되면 월동을 위해 동남아로 날아갑니다.

　몸에 비해 긴 꼬리를 가지고 있는 긴꼬리딱새도 민통선 지역에서 번식하고 있습니다. 팔색조나 긴꼬리딱새는 지금까지 남부지역이 주 번식지였지만 점차 북상하고 있어요. 눈가의 푸른색 둥그런 테두리와 긴 꼬리가 특징인 긴꼬리딱새는 숲속 작은 계곡에, 주로 두세 가닥 나뭇가지에 둥지를 만듭니다. '히요이, 호이 호이 호이' 긴꼬리딱새의 맑은 노래가 여름철 비무장지대 숲속에 감도는 적막함을 깨웁니다. 긴꼬리딱새의 속명

분단선에서 생명선으로

새끼의 똥을 물어 가는 어미 팔색조

*Terpsiphone*은 그리스어로 '즐거운 노래를 부르는 새'라는 의미를 담고 있다고 합니다.

긴꼬리딱새는 얼마 전까지 '삼광조三光鳥'라는 일본식 이름으로 불렸습니다. 삼광三光은 하늘에 빛이 나는 세 가지 천체인 해, 달, 별을 뜻합니다. 긴꼬리딱새의 울음소리가 일본인들 귀에 '쓰키 히 호시, 쓰키 히 호시' 하고 우는 것처럼 들려서 붙인 이름이라고 합니다. 쓰키月, ツキ, 히日, ヒ, 호시星, ホシ는 각각 달, 해, 별이라는 뜻이지요. 최근 한국조류학회에서는 일본 이름 대신에 꼬리가 긴 특징을 반영해 '긴꼬리딱새'로 이름을 고쳤습니다.

긴꼬리딱새의 암컷은 일반 조류와 꼬리 길이가 비슷하지만, 수컷은 암컷보다 세 배 이상 깁니다. 수컷의 꼬리 길이는 26센티미터 정도이며, 암컷은 수컷에 비해 꼬리가 짧습니다. 신비한 파란색을 띠는 눈 테두리가 특징이며, 배는 희고 날개는 갈색이며, 나머지는 검습니다. 긴꼬리딱새는 암수가 번갈아가며 곤충을 잡다가 새끼에게 먹입니다. 우리나라에서 보기 드문 여름 철새로 멸종위기 야생생물 2급으로 지정해 보호하고 있습니다. 긴꼬리딱새도 팔색조와 마찬가지로 번식을 마치면 가을에 동남아시아로 날아가 겨울을 보냅니다. 맑은 계곡과 울창한 숲이 있는 DMZ가 신비의 새 팔색조와 긴꼬리딱새까지 불러들이며 새로운 보금자리가 되고 있어 반갑습니다.

긴꼬리딱새 수컷과 둥지

새끼를 품고 있는 긴꼬리딱새 암컷

사라진, 사라질 수도 있는 DMZ의 귀한 동물들

호랑이

1990년대부터 2000년대 초까지 평화의댐 근처 깊은 산에서 큰 야생동물을 보았다는 주민들의 목격담이 이어졌습니다. 사람들은 '어흥' 하는 호랑이 특유의 울음소리를 들었다고 증언했고, 목격담의 신빙성을 의심하는 사람들은 보란 듯이 석고로 발자국 표본을 떠서 간직하는 사람도 있었습니다. 야생동물 전문가들은 발자국의 크기로 보아 호랑이일 것으로 추정했습니다.

우리 정부는 1996년에 남한의 호랑이는 멸종되었다고 CITES국제자연보전연맹이 입안해 만든 멸종위기에 처한 야생동식물의 국제거래에 관한 협약에 보고했습니다. 모두 호랑이가 멸종되었다 믿으며 그 존재를 잊고 있을 때, 비무장지대 근처에 한국호랑이가 출몰했다는 설이 다시 제기되었어요. 일부 야생동물 전문가들은 "북한강 평화의댐 근처는 민간인이 거의 살지 않는 첩첩산중이라 호랑이의 먹이가 되는 토끼나 고라니의 서식 밀도가 높아 호랑이가 서식할 수도 있다"는 가능성을 주장한 것이지요.

국내와 러시아 호랑이 전문가들이 그곳을 방문해 서식 실태조사를 했지만, 실제 호랑이가 있는지 확인하지는 못했습니다. 만약 정말 호랑이가 비무장지대에 살고 있다면 백두산에 사는 호랑이가 남하했을 가능성을 추정해 볼 수 있습니다.

평화의댐

호랑이 목격설이 제기되었던 1998년 당시 평화의댐

하지만 호랑이가 민통선 아래 평화의댐까지 내려오려면 북방한계선을 지나 비무장지대 철책선을 넘어 남방한계선을 통과해야 합니다. 그런데 몇 겹의 경계선을 지나도록 전방을 지키는 병사들에게 목격되지 않기란 불가능하다고 봐야겠지요. 특히 호랑이가 먹이활동을 하기에는 민통선의 야생동물 서식 밀도가 그리 높지 않다는 반론도 있었습니다.

그래도 한반도 호랑이가 비무장지대를 주 서식지로 살아가고 있으면 좋겠다는 희망을 품습니다. 우리 민족의 영물인 호랑이가 비무장지대 한가운데서 아침 햇살을 받으며 포효하는 모습은 상상만 해도 근사하니까요.

비무장지대의 반달가슴곰

DMZ에서는 잊을 만하면 이 땅에서 사라졌다고 생각하는 야생동식물이 건강하게 생존하고 있다는 사실이 확인되었다는 반가운 소식을 전해 줍니다. 2019년 생후 8~9개월 된 어린 반달가슴곰이 DMZ 동부지역 일대에서 포착되었습니다. 천연기념물 제329호 반달가슴곰은 국제자연보전연맹 적색목록 취약종으로 국제적 보호를 받는 멸종위기종입니다.

사실 이전부터 군인들의 목격담을 통해 반달가슴곰의 서식 가능성이 제기되어 왔습니다. 그러다가 환경부와 국립생태원이 2014년부터 설치한 92대의 무인 생태조사 장비 중 하나에 반달가슴곰이 포착되었습니다. 카메라에 찍힌 시점은 2018년 10월입니다. 전문가들이 사진에 찍힌 반달가슴곰을 분석한 결과, 태어난 지 8~9개월 된 어린 새끼로 몸무게는 약 25~35킬로그램 정도로 추정했습니다. 어린 반달가슴곰은 계곡을 가로질러 어디론가 이동하는 중이었지요. 영상 속 반달가슴곰은 카메라에서 불과 5미터 거리에 있었는데, DMZ에서 반달가슴곰의 생생한 모습이 이렇게 가까운 거리에서 촬영된 것은 이때가 처음이었습니다. 국립생태원 연구진은 "일반적으로 어미 곰이 한 번에 새끼 한두 마리를 출산한다는 사실을 고려하면 형제 곰이 있을 수도 있다"라며 부모 개체까지 최소 세 마리 이상의 반달가슴곰이 그 일대에 서식하고 있을 것으로 추정했습니다.

이후 2020년 4월 16일, 센서 카메라를 설치한 비무장지대 한 지역에서 반달가슴곰 한 마리가, 5월 29일에는 다른 지역에서 또 반달가슴곰이 포착되었습니다. 또 2021년 4월과 6

2021년 4월, DMZ 안에 설치한 무인 센서카메라에 포착된 반달가슴곰(환경부 국립생태원)

월, 8월에도 반달가슴곰이 이동하는 모습이 카메라에 찍혔습니다. 국립생태원이 군부대의 보안 검토를 거친 뒤 받은 사진을 분석한 결과 반달가슴곰이 DMZ 안에서 행정구역을 넘나들며 서식하는 것으로 추정했습니다.

반달가슴곰은 일제 강점기에 '사람과 재산에 위해를 끼치는 해수害獸를 구제한다'라는 명목의 해수구제사업 때문에 무차별 포획되었습니다. 이후 밀렵과 서식지 감소 등으로 개체 수가 더욱 급감해 멸종위기에 처하게 되었지요. 그러다가 1998년 환경부가 지리산을 중심으로 복원사업을 진행해 왔습니다.

환경부와 국립공원공단 종복원기술원의 복원사업으로, 2001년 다섯 마리 수준이었던 반달가슴곰은 2024년 현재 90마리로 늘어나 지리산과 수도산 일대에 서식하는 것으로 보고되었습니다. 비무장지대에 서식하는 반달가슴곰도 확인되었으니 더욱 의미 있는 일입니다. 앞으로 DMZ의 체계적인 보전·관리를 위한 종합대책을 마련하는데 귀중한 생태자료가 될 것입니다.

알고 보면 한국과 중국에만 있는 귀한 동물 고라니

비무장지대에는 우리나라 토착 동물들이 많이 살고 있습니다. 그중에 서부·중부·동부 DMZ 어디에서나 가장 많이 관찰되는 동물이 바로 고라니입니다. 반짝이는 두 눈, 매끈한 코, 동그란 귀가 귀여운 동물이지요. 고라니는 우리나라에서 흔히 볼 수 있는 동물이지만 전 세계적으로 한국과 중국에만 살고 있는 귀한 존재입니다.

고라니는 물을 좋아하고 헤엄을 잘 쳐서 영어로는 '워

터 디어water deer'라 부릅니다. 몸길이 90센티미터, 꼬리 길이 4~12센티미터, 몸무게 9~12킬로그램으로 노루나 사슴에 비해 작은 편입니다. 특히 노루를 많이 닮아서 예부터 녹작노루, 복노루, 약노루, 복작 등으로 불렀지요. 그러나 노루는 엉덩이에 하얀 반점이 있지만, 고라니는 반점이 없습니다.

고라니는 한여름 무더위가 기승을 부리면 연못을 찾습니다. 수영하며 더위를 식히기 위해서입니다. 비무장지대의 고라니들은 해마다 연못에서 그 누구의 방해도 받지 않으며 시원한 여름을 보내고 있습니다. 연못을 수영장 삼아 헤엄치며 수생식물의 꽃을 따 먹는 고라니를 보면 원시 자연의 모습이 그려집니다.

철책 안 비무장지대에 사는 고라니들은 인간의 위협을 받지 않은 채 편안하게 살아갑니다. 그러나 철책 밖에 사는 고

눈밭의 고라니

라니들이 긴 철책을 따라 이동하는 모습을 보면 분단의 아픔을 다시 한번 느낄 수 있습니다. 더 큰 문제는 철책 밖 농촌에서 고라니를 바라보는 시선이 곱지 않다는 데 있습니다. 풀을 먹는 동물이다 보니 농작물을 뜯어 먹거나 짓밟아 농민들의 미움을 받고 있으니까요. 농작물을 헤쳐 천덕꾸러기 취급을 받고 있지만 고라니는 한국을 대표하는 동물이라 할 만합니다. 게다가 중국에 사는 고라니들마저 멸종위기에 놓여 있다고 하니 사실상 한국에서만 고라니를 볼 수 있게 된 셈이지요. 세계 자연을 보호하는 국제자연보전연맹은 고라니의 멸종 등급을 코끼리 정도로 분류하고 국제적 보호에 나서고 있습니다.

환경부의 2018년 '야생동물 실태조사'에 따르면 국내 고라니의 총 개체 수는 약 45만 마리라고 합니다. 그중 해마다 유해야생동물 구제 사업으로 목숨을 잃는 고라니가 18만 마리, 로드킬로 죽는 고라니가 6만 마리나 된다고 해요. 포획과 로드킬로 매년 고라니 개체의 절반에 가까운 수가 죽는다고 하니 너무 안타까운 일입니다.

우리나라 전역에 사는 토착 동물 고라니를 보전하는 것은 지구상에서 고라니 멸종을 막을 수 있는 마지막 안전장치입니다. 우리 주변에서 흔히 볼 수 있다고 해서 소중히 여기지 않는다면, 후손에게 물려줄 귀중한 살아 있는 보물을 잃게 될지도 모릅니다. 고라니와 비슷하게 생겼지만 지금은 보기가 드문 노루도 비무장지대에서 살아가고 있습니다. 비무장지대를 자유롭게 뛰노는 고라니처럼 민통선 밖에서 사는 고라니들도 인간과 함께 살아갈 방안이 하루빨리 마련되면 좋겠습니다.

물을 좋아하는 고라니

새끼 고라니

살아 있는 화석 동물, 산양

2024년 겨울은 산양에게 혹독한 시련의 계절이었습니다. 기록적인 폭설이 내리자 천연기념물 제217호이자 멸종위기 야생생물 1급인 산양이 먹이를 구하지 못해 곳곳에서 떼죽음을 당했기 때문입니다. 전문가들은 산양들이 먹이를 찾으러 산에서 내려왔지만, 2019년 아프리카돼지열병 차단을 위해 쳐 놓은 울타리를 넘지 못하고 헤매다가 굶어 죽은 것으로 보고 있습니다. 폐사한 산양 개체 수도 엄청났습니다. 환경부가 문화재청, 환경단체 등과 함께 개최한 '강원특별자치도 북부지역 산양 폐사 관련 전문가 자문회의'에 제출한 보고서에 따르면 2023년 12월부터 2024년 3월까지 우리나라에서 폐사가 확인된 산양이 무려 1042마리에 달합니다. 우리나라에 서식한다고 추정되는 산양의 3분의 1 정도 되는 규모입니다.

산양 사체가 발견된 지역을 보면, 강원특별자치도 양구군 230마리, 화천군 220마리, 설악산 국립공원 지역이 120마리 등이었습니다. 야생 멧돼지 이동을 막으려는 울타리 때문에 고립되거나 이동이 제한되면서 먹이 구하기가 한층 어려워진 산양들이 먹이를 찾아 더 먼 거리를 움직여야 했기 때문에 탈진할 수밖에 없었을 것입니다. 2022년 11월부터 2023년 2월까지 폐사 신고된 산양이 15마리에 불과했다는 사실을 고려하면, 지난 겨울 산양들이 '떼죽음'을 당한 것은 틀림없습니다.

진달래꽃을 먹는 산양

눈 속에서 먹이를 찾는 어미 산양과 새끼

2023년 11월부터 2024년 3월까지 겨울 강설량이 예년의 4.3배, 눈이 내린 날은 5년이나 10년 치 평균보다 두 배 많았습니다. 산양 서식지의 기상 여건이 좋지 않았다는 의미입니다. 산양처럼 네발 달린 동물은 눈이 많이 쌓이면 배가 눈에 닿아 이동할 때 두 배에서 여섯 배 더 에너지를 써야 합니다. 특히 산양은 다리가 짧은 편이라 배가 눈에 닿기 더 쉬워서 이동할 때 에너지가 더 많이 소모됩니다. 기록적인 폭설과 이동의 장애물이 된 아프리카돼지열병을 막기 위한 울타리가 귀중한 생명인 산양들을 죽음으로 몰아 넣었습니다.

하지만 DMZ 병사들이 산양을 지킨 훈훈한 이야기도 전해집니다. 어느 해 겨울, 동부전선 향로봉 산맥에 엄청난 눈이 내렸습니다. 1미터 넘는 눈이 전선에 쌓이자 DMZ에 살고 있던 산양들이 오도 가도 못하는 상황이 되고 말았습니다. 전방을 지키던 병사들은 잠시 총을 내려놓고 굶주린 산양들에게 먹이를 주기 위한 작전을 펼쳤습니다. 당시 보급품도 끊긴 상태였지만 병사들은 부식 창고에 있던 배추와 무 등 산양이 먹을 수 있는 채소를 가져다 주기로 했습니다.

병사들과 산양 사이에는 3.5~5미터 정도 되는 높은 철책이 이중 삼중으로 가로막혀 있었습니다. 병사들 가운데 팔 힘이 센 병사가 경계 초소 위로 올라가 폭설로 굶주리고 있는 산양들에게 배추와 무를 던져 주었습니다. 처음에는 놀라 잠시 뒤로 물러났던 산양들은 경계하는 모습을 보였습니다. 하지만 너무도 굶주렸던 산양 일곱 마리가 우르르 달려와 병사들이 던져 준 채소를 먹더니, 차츰 기력을 회복하기 시작했습니다.

전방 탱크 사이로 나타난 산양

바위 위에서 쉬고 있는 산양

그해 겨울, 산양을 위한 사랑의 먹이 주기는 철책선을 넘어 계속 이어졌습니다. 전 세계 어디에서도 병사들이 자신들이 먹어야 할 부식을 야생동물에게 주었다는 이야기를 들어보지 못했습니다. 비무장지대라는 특수한 지형이 만들어 낸 아름다운 에피소드입니다. DMZ에 사는 동물은 사람과 떨어져 있어서 오히려 사람과 친해질 수 있었던 모양입니다. 인간이 만든 반목과 갈등의 땅에서 산양과 전방 병사들이 이렇게 친구가 되는 방법을 보여 주고 있습니다.

산양은 지구상에 처음 모습을 드러낸 200만 년 전부터 지금까지 모습이 거의 변하지 않은 동물입니다. 그래서 학자들은 산양을 '살아 있는 고대 동물' 또는 '살아 있는 자연 화석'이라 부릅니다. 1960년대까지만 해도 산양은 한반도에서 백두대간을 따라 서식하고 있었지만, 인간의 무분별한 포획과 남획으로 멸종위기에 놓이게 되었고, 1968년 천연기념물 제217호로 지정되어 보호받고 있습니다.

산양 개체 수의 급격한 감소를 일으킨 결정적인 사건도 있었습니다. 1964년 겨울, 설악산에 폭설이 내리자 수천 마리의 산양들이 안전지대로 이동하면서 마을 근처까지 내려왔습니다. 춥고 배고픔에 지친 나머지, 먹이를 찾아 민가로 내려온 것이지요. 그러나 전국에서 몰려온 사냥꾼들이 3000여 마리의 산양들을 지게 작대기로 때려잡은 일도 있었다고 합니다.

멸종위기에 처한 산양은 현재 설악산과 오대산, 태백산과 월악산에서 극소수가 관찰되고 있습니다. 특히, 분단의 대가로 남은 비무장지대인 고성 고진동과 오소동 계곡, 인제 사철리 계곡, 양구 두타연과 천미리 지역, 북한강 상류 지역 등에 주로 서식하고 있습니다. 이는 서울대학교 야생동물 생태관리학실 이우신 교수팀이 조사로 확인한 사실입니다. 현재 파악된 산양 2000마리는 결코 많은 수가 아닙니다. 산양은 자기가 태어난 곳에서만 평생을 살아갑니다. 산양의 멸종위기는 무엇보다 근친교배 문제가 해결되어야 합니다. 지역별 개체 수가 20마리 미만이다 보니 계속된 근친교배로 멸종위기 속도가 점점 빨라지고 있습니다.

어느 해에는 고성 바닷가에서 산양이 발견된 적도 있습니다. 잦은 산불이 나면서 바닷가로 피신한 것으로 추정되었습니다. DMZ의 높은 철책이 남북 산양의 교류를 단절시키고 있습니다. 귀한 생물 종의 멸종위기를 극복하기 위해 남북이 힘을 합쳐야 할 절실한 이유입니다.

DMZ의 산양

멸종위기에 처한 산양을 복원하자

2009년 7월 21일, 강원특별자치도 양구군에서 기쁜 소식이 들려왔습니다. 산양인공증식센터가 문을 연 지 2년 만에 처음으로 새끼 산양 한 마리가 탄생했기 때문입니다. 이는 멸종위기에 놓인 산양을 복원할 수 있다는 가능성을 보여 준 일이었습니다. 국가적인 차원에서 멸종위기에 처한 산양에 관심을 갖기 시작한 지 얼마 되지 않았습니다. 1999년 이 땅에서 산양이 사라졌다며 야생동물 학자들이 걱정하고 있을 무렵입니다. 인제 중동부전선 DMZ에서 19마리 산양의 집단 서식지가 확인되면서 산양인공증식센터를 건립해야 한다는 논의가 시작되었습니다. 2004년 문화재청은 국내 포유류 가운데 처음으로 '산양인공증식센터 건립 계획 사업'을 수립했고, 2007년 6월 28일 드디어 인공증식센터가 세워졌습니다.

대암산 자락 3만여 제곱미터 부지에 산양의 보금자리가 마련되었습니다. 바위 지대를 조성해 산양의 서식 조건을 갖추었지요. 계절별로 산양의 먹이가 될 수 있는 나무와 풀을 심어 놓았고요. 세력 영역 다툼을 대비해 이곳에 사는 산양들이 다치지 않도록 부부별로 보호장을 따로 만들어 놓았습니다.

산양인공증식센터에서는 그동안 베일에 싸였던 산양의 사계절 생태를 연구하고, 국내에서는 처음으로 증식·복원사업을 진행하고 있습니다. 2025년 2월 현재 이곳에서 보호하고 있는 산양 38마리는 모두 건강하게 생활하고 있습니다. 앞으로의 과제는 DMZ에 서식하고 있는 다양한 유전자를 가진 암컷을 포획해 이곳에 보금자리를 만들어 주는 것입니다.

야생동물들이 먹이가 부족해 고난을 겪는 겨울을 대비해 산양인공증식센터에서는 가을철부터 산양을 위한 특별한 영양식을 준비합니다. 산양이 좋아하는 뽕잎을 야산에서 미리 비축해 겨울에 공급하는 것이지요. 특히 짝짓기 철이 되면 풀먹이 동물인 산양의 임신과 출산 가능성을 높이기 위해 밭의 단백질이라 불리는 콩을 특별 영양식으로 공급하고 있습니다.

산양 관리팀은 CCTV로 방사장에 있는 산양들을 24시간 관찰하며 건강 상태를 체크하고, 천적의 공격 같은 안전 위협 요인에 대비하고 있습니다. 응급의료체계도 갖추고 있어요. 강원대학교 야생동물 구조센터와 24시간 연락 체계를 갖추고, 산양이 이상 증세를 보이면 언제든지 치료할 수 있도록 비상 의료체계를 운영하고 있습니다.

산양의 서식을 위협하는 요소로는 서식지 파괴와 단절, 밀렵, 겨울철 먹이 자원의 부족 등을 꼽을 수 있습니다. 따라서 멸종위기에 놓인 산양을 되살리기 위해서는 정부 차원에서 산양인공증식센터 같은 시스템을 갖추는 것은 물론 지역주민들의 보호 활동과 실천도 병행되어야 합니다.

비무장지대에서 주로 관찰되는 산양의 서식지를 백두대간으로 확대해 나가는 해법은 그리 녹록지 않습니다. 먼저 DMZ에 서식하고 있는 산양을 비롯해 설악산과 태백산, 월악산 등의 산양 서식 생태조사를 제대로 해야 합니다. 또 지속적인 모니터링으로 개체군의 변동 원인을 분석하고 관리하기 위한 계획도 시급히 수립해야 하지요. 겨울철 먹이 부족으로 탈진하는 산양이 없도록 인공적인 먹이 급여대도 주요 서식지별로 지원해야 합니다.

산양인공증식센터가 있는 양구뿐만 아니라 산양의 서식 지역인 고성과 인제, 화천과 설악산, 태백산, 월악산 지역에도 먹이 공급 시설이 추가로 설치되면 좋겠습니다. 탈진하거나 부상을 당한 산양에게 긴급 의료 처방이 지원되지 않으면 대부분 원기를 회복하지 못하고 죽기 때문입니다. 정부는 산양이 살고 있는 지역을 보호지구로 설정하고 단절된 생태를 이어주는 생태통로를 조성하는 등 위협 요인을 줄여 나가는 제도적 장치도 마련해야 합니다.

분단의 대가로 남은 DMZ는 산양이라는 멸종위기종이 제한된 공간에서나마 건강하게 살아갈 수 있다는 희망을 안겨 주었습니다. DMZ의 산양은 희망의 끈과 같은 존재입니다. 인공증식센터에서 이들의 유전자원을 잘 활용해 증식 작업에 성공한다면, 무분별한 개발과 포획으로 사라졌던 산양이 우리 곁으로 다시 다가올 테니까요. 이 땅에서 태곳적 신비를 간직한 채 살아온 산양이 남북의 산자락을 마음껏 넘나들 날을 함께 만들어 가야 하지 않을까요.

엄마 산양과 새끼의 모습

총을 잠시 내려놓고 산양에게 먹이를 주기 위해 초소 위에 올라가 있는 병사

분단선에서 생명선으로

우리나라에 하나뿐인 비무장지대의 고층습원 용늪

강원특별자치도 인제군에 있는 해발 1304미터 대암산은 '커다란 바위산'이라는 이름처럼 산 중턱부터 정상까지 바위가 솟아 있습니다. 정상보다 조금 낮은 1280미터에 우리나라에서 하나밖에 없는 고층습원이 있는데요. 바로 하늘과 맞닿은 듯한 곳에 자리한 특이한 늪지대 '용늪'입니다. 용늪에는 이틀에 한 번꼴로 한 치 앞도 분간할 수 없는 짙은 안개가 찾아옵니다. 그러다가도 강한 바람이 불어오면 안개가 걷히면서 파란 하늘이 드러나지요. '하늘로 올라가는 용이 쉬었다 가는 곳'이라고 해서 붙여진 용늪의 전설이 전혀 낯설게 느껴지지 않습니다.

용늪은 큰 용늪3만820제곱미터, 작은 용늪1만1500제곱미터, 애기 용늪으로 이루어집니다. 민통선에 잠자고 있던 대암산 용늪이 세상에 알려지기 시작한 것은 1966년부터입니다. 학술 조사단이 이곳을 다녀간 이후 고층습원 용늪의 신비로운 생태계가 밝혀졌습니다. 그 뒤, 용늪을 포함한 대암산 일대는 학술 가치를 인정받아 1973년 천연기념물 제246호로 지정되었어요.

대암산 용늪에는 대체 어떤 비밀이 있는 것일까요? 그 비밀을 푸는 열쇠는 바로 안개입니다. 오랜 세월에 걸쳐 만들어진 10여 군데의 연못은 늪 전체를 축축하게 감싸는 안개를 만들어 냅니다. 안개는 다시 용늪에 물을 공급해 습지 생태계

대암산

안개 자욱한 용늪

맑은 여름날 용늪 전경

분단선에서 생명선으로

를 유지할 수 있도록 해 주지요. 용늪의 땅은 습기가 많고 강한 산성이라 습지 식물이 아니고서는 살아가기가 어렵습니다.

이렇게 높은 산에 어떻게 늪이 생겼을까요? 봄이 늦게 오고 겨울이 빨리 오기 때문입니다. 용늪은 1년 내내 기온이 낮고 습도가 매우 높습니다. 평균 기온이 4도 안팎이고, 더운 여름철에도 16도를 넘지 않아 서늘하지요. 게다가 여름도 매우 짧아서 여름 한 철 동안 자라난 식물들은 5개월 이상 영하의 기온을 견뎌야 하고, 눈이 쌓여 있는 기간이 길기 때문에 식물이 죽어도 잘 썩지 않고 그대로 조금씩 쌓이게 됩니다. 이렇게 쌓인 층을 '이탄층'이라고 합니다.

전문가들의 조사에 의하면, 이탄은 용늪에서 1년에 1밀리미터 정도 형성된다고 합니다. 용늪의 이탄층은 장소에 따라 조금씩 다르지만 평균 1미터 정도이고, 깊은 곳은 1.8미터나 된다고 합니다. 켜켜이 쌓인 이탄층에서 꽃가루를 뽑아내 연구한 결과, 용늪의 나이를 알 수 있었습니다. 용늪의 나이는 무려 4000~4500살 정도라고 해요. 특히 이탄층에는 식물의 잔해가 그대로 남아 있어 우리나라의 식생과 기후 변화를 연구하는 데 귀중한 자료가 되기 때문에 용늪을 '자연의 타임캡슐', '자연사 박물관', '자연의 고문서'라 부릅니다.

용늪의 희귀식물

곳곳에 봄기운이 감도는 3월에도 용늪은 아직 겨울잠에서 깨어나지 않습니다. 고산지대여서 다른 곳보다 봄이 더디 찾아오기 때문이지요. 4월 중순이 되어서야 겨울이 물러가기 시작

하는 용늪은 4월 말에서 9월까지 150일 남짓한 짧은 기간 동안 식물이 생장합니다.

이 짧은 기간 동안 용늪에서 어떤 생명이 피어나는지 만나 볼까요? 초록빛 생명 잔치의 출발을 알리는 것은 사초입니다. 봄이면 사초과 식물이 용늪 전체를 뒤덮습니다. 용늪에 있는 대표적인 사초 무리는 대암사초, 산사초, 삿갓사초로 모두 한국의 특산식물입니다.

5월이 되면 용늪의 식물들이 앞다투어 꽃을 피웁니다. 처녀치마를 시작으로 환경부가 정한 보호식물인 연영초와 우산을 닮은 금강애기나리의 꽃도 수수한 모습으로 피어납니다. '고산 습지의 새색시'로 불리는 보랏빛 비로용담의 꽃도 빼놓을 수 없지요. 비로용담은 북한의 천연기념물이며, 남한에서는 대암산 용늪에서만 서식하고 있습니다.

비로용담이라는 이름은 '금강산의 비로봉에 분포하는 용담'이라는 의미입니다. 이름에서도 느껴지듯 고산지대에 사는 아주 귀한 식물입니다. 비로용담은 대암산 용늪에도 몇 개체 없는 데다 크기도 아기 손톱 정도밖에 되지 않습니다. 게다가 뒤덮인 사초류 사이에서 모습을 드러내기 때문에, 세심하게 관찰하지 않으면 그 귀한 모습을 찾을 수 없지요. 비로용담은 해마다 7월 중순쯤이 되어야 아름다운 자태를 드러냅니다. 운 좋게 찾았다면 이동통로에 엎드려야 그 모습을 제대로 볼 수 있습니다.

8월이 되면 세계적으로 무척 귀한 식물 금강초롱꽃을 볼 수 있습니다. 귀한 금강초롱꽃이 곳곳에서 연보라색과 흰

대통발

금강애기나리

금강초롱꽃

기생꽃

끈끈이주걱

비로용담

사초류

제비동자꽃

색 꽃망울을 터뜨립니다. 늦여름에는 꽃잎의 형태가 제비 꼬리처럼 생겼다고 해서 이름 붙여진 제비동자꽃도 화려한 모습을 드러냅니다. 제비동자꽃은 멸종위기 야생식물 2급으로 지정되어 있습니다.

역시 멸종위기 야생식물 2급으로 지정되어 보호받고 있는 기생꽃도 꽃이 아름다워 사람들이 함부로 캐 가는 바람에 멸종위기까지 몰렸지요. 기생 황진이도 울고 갈 만큼 아름다워서 기생꽃이라는 이름이 붙었다는 사람도 있고, 꽃 모양이 기생의 머리 위에 얹는 가체와 비슷해서 그렇게 불렀다는 설도 있습니다. 이름에서도 알 수 있듯이 실제로 별 모양의 앙증맞은 기생꽃을 보면 그 아름다움에 넋을 잃게 됩니다.

용늪에는 다른 곳에서는 보기 힘든 희귀한 식물들이 많은데, 그중에서도 가장 희귀한 식물을 꼽으라면 단연 끈끈이주걱입니다. 끈끈이주걱은 벌레를 잡아먹고 사는 벌레잡이 식물로, 잎 안쪽에서 나오는 끈끈한 점액으로 작은 곤충을 유인해 잡아먹습니다. 끈끈이주걱은 이탄층이 발달하고 햇빛이 잘 드는 곳을 좋아합니다. 꽃도 피고 열매도 맺는 녹색 식물이지만 벌레를 잡아먹는다는 점이 다른 식물과 다르지요. 끈끈이주걱에는 동그란 잎이 달려 있는데, 그 잎의 가장자리와 잎 안쪽에는 털처럼 보이는 것이 잔뜩 달려 있습니다. 이것을 '선모'라고 합니다. 여기에서 물엿처럼 끈적끈적하고 투명한 액체가 나오는데, 벌레가 날아와 이 점액질에 앉으면 눈 깜짝할 사이에 엉겨 붙습니다.

끈끈이주걱 말고도 남한에서는 오직 용늪에서만 사는

'북통발'이라는 벌레잡이 식물도 있습니다. 북통발은 통발과에 속하는 여러해살이풀로, 잎 일부가 변해서 된 포충낭에 벌레가 들어오면 그것을 재빨리 잡아먹습니다. 물론 벌레잡이 식물은 광합성도 하니 벌레를 못 잡아도 죽지는 않습니다. 이처럼 용늪에는 다른 곳에서는 쉽게 만나기 힘든 식물이 가득해요. 환경부가 대암산 용늪을 조사한 결과, 이 습지에는 순수 습원식물 22종을 비롯하여 112종이 서식하고 있는 것으로 나타났습니다. 그런가 하면 최근에는 용늪에서 보기 쉽지 않은 족제비와 귀한 노루, 삵도 관찰되었습니다.

훼손된 용늪의 복원

그동안 용늪의 생태계는 먹이사슬의 변화로 몸살을 앓아 왔습니다. 용늪의 가치를 모르던 1977년, 이곳에 주둔하고 있던 군부대에서 병사들의 겨울철 체력 단련을 위해 용늪에 스케이트장을 만들었습니다. 그러나 스케이트장 공사로 늪 전체의 10분의 1을 막았던 둑이 일부 무너진 채 방치되었지요. 당연히 용늪의 원형도 훼손되었습니다.

이후 용늪은 본래의 모습을 잃고 신음하기 시작했습니다. 스케이트장을 만들기 위해 곳곳에 파놓은 배수구를 통해 늪의 수분이 빠르게 유출되면서 용늪은 걷잡을 수 없을 정도로 망가졌습니다. 게다가 병사들의 사격 시설을 만드느라 용늪의 왼쪽 경사면을 파내면서 이탄층도 노출되었지요.

용늪 상류 쪽에는 군사보급로가 설치되면서 많은 토사가 유입되었고, 이 때문에 육지화가 빠르게 진행되었습니다.

용늪에 자꾸 흙모래가 쌓여 천천히 육지로 변해 가면서 습지 식물이 아닌 작은 나무들이 뿌리를 내려 요즘은 숲으로 바뀌고 있습니다. 용늪을 지키려면 무엇보다 흙모래나 오염 물질이 흘러드는 것을 막아야 합니다. 환경부는 자연사 박물관이나 다름없는 용늪을 지키기 위해 2013년에 복원작업을 시작해 2018년에 완료했습니다. 토사 유입을 막기 위해 비포장 군사보급로에 바위 등을 이용해 자연 친화적인 도로를 만들었고요. 용늪 근처에 있던 주둔 군부대 막사를 비롯한 시설도 다른 곳으로 옮겨 오염원을 차단했습니다.

미지의 땅 용늪은 사전에 탐방 신청을 하면 그 신비한 모습을 직접 볼 수 있습니다. 방문객은 용늪 탐방로를 통해서만 관찰할 수 있어요. 자연환경해설사의 인솔 아래 하루 250명의 탐방객만 사전 허가를 받고 방문할 수 있습니다. 용늪을 방문하려면 양구올구양www.ygtour.kr, 인제군대암산용늪sum.inje.go.kr 홈페이지에서 미리 신청해야 합니다. 용늪은 5월 중순부터 10월 말까지 탐방할 수 있으며, 인제 광치령 용늪 입구에서 출발하면 차량으로 통제초소를 거쳐 대암산 정상까지 올라갈 수 있습니다. 늦은 봄이 오는 5월 중순, 용늪의 비밀을 알아보는 특별한 여행은 어떨까요? 전설 같은 안개 속에서 하늘로 승천하는 용을 만날지도 모릅니다.

분단선에서 생명선으로

용늪을 복원하고 있는 모습

용늪 탐방객 이동 통로

4장

함께 만들어 가는
희망과 생명의 땅, DMZ

DMZ에는 귀한 동식물 뿐만 아니라 아주 오래된 우리의 역사를 만날 수 있는 흔적도 많이 남아 있습니다. 역사상 가장 격렬한 전투가 벌어져서 깊은 전쟁의 상처가 남아 있는 곳도 바로 DMZ입니다. DMZ는 생태교육은 물론 역사교육, 평화교육을 위한 좋은 교실입니다. 게다가 생태적 가치가 뛰어난 DMZ는 뭇 생명과 공생의 길을 탐색할 수 있는 가치 있는 생태관광지로도 그 역할을 다할 수 있습니다. 이념 대립을 떠나 남북이 함께 한반도의 보물 DMZ를 지켜 나가야 합니다. 마지막 장에서는 DMZ를 어떻게 희망의 땅으로 만들어 나갈 수 있을지 생각해 보고자 합니다.

역사·평화교육의 무대가 될 비무장지대의 유적

경기도 파주 오두산 통일전망대에서는 망원경으로 북한 선전 마을을 볼 수 있습니다. 한강과 임진강이 만나는 교하交河도 눈에 들어옵니다. 이름 그대로 물이 서로 '사귀고 오가는' 곳 이지요. 철책 너머로 바닷물이 들어오고 나가는 것을 볼 수 있 습니다. 이곳은 우리 역사에서 신라·백제·고구려 삼국이 치열 한 전투를 벌였던 곳이기도 합니다. 임진강과 한강하구는 삼 국시대에 중요한 교통 요충지였습니다. 특히 한강과 임진강의 합류 지점에 있는 **오두산성**은 사방이 가파르고 삼면이 강과 바다에 접해 있습니다. 그야말로 천혜의 요지에 축조된 산성 이지요. 산 정상을 둘러쌓은 테뫼식 산성인 오두산성은 백제 인의 숨결을 느낄 수 있는 곳으로, 길이가 620미터에 이릅니 다. 조선 후기 학자 김정호가 쓴 《대동지지大東地志》에는 오두 산성이 백제 북쪽에 있던 관미성이라고 기록되어 있습니다.

DMZ에는 우리 역사의 흔적이 많이 남아 있습니다. 1978년에는 세계를 깜짝 놀라게 한 사건이 일어났습니다. 주 한 미공군 소속이었던 그레그 보웬Greg L. Bowen이 여자친구 와 함께 경기도 연천군 전곡리 한탄강변을 산책하다가 사람 이 깎은 듯한 흥미로운 돌을 발견했습니다. 마침 보웬이 고고 학을 전공했기에 이 돌이 예사롭지 않다고 생각했지요. 이 병 사가 발견한 문제의 돌을 분석한 결과, 약 30만 년 전에 있었

파주 오두산성

연천 삼곶리 돌무지 무덤

던 아슐리안Acheulean **주먹도끼**라는 사실
이 드러났습니다. 아슐리안 주먹도끼는
전기 구석기시대를 대표하는 전형적
인 도구로, 150만 년 전에서 10만 년
전 인류가 사용한 것으로 알려져 있
습니다. 전기 구석기시대 유물이 뜻하
지 않은 곳에서 발견되자 당시 고고학
계가 완전히 뒤집혔지요. 그 이전까지는
아슐리안 주먹도끼가 유럽과 아프리카에

연천군에서 출토된
구석기 화강암 주먹도끼
(국립중앙박물관)

서만 발견된다는 사실을 근거로, 모비우스
Movius를 비롯한 학자들이 '구석기 문화 이원론'을 주장하고
있었거든요. 그런데 전곡리 선사유적지에서 아슐리안 석기가
발견되자 이전까지 정설로 인정받던 모비우스 가설이 뒤집힙
니다.

　　전곡리 구석기 유적은 세계 고고학 지도에 등재되었고,
이후 임진강과 한탄강을 따라 20여 곳의 구석기 유적이 더 확
인되었습니다. 서울대학교박물관은 전곡리 일대에서 4500여
점의 구석기시대 유물을 발굴할 수 있었지요. 또 연천 황산리
와 삼곶리에서 백제 초기의 무덤 양식인 **적석총**積石塚이 발굴
된 이래, 동일 형식의 돌무지무덤이 일정 간격으로 잇따라 발
굴되면서 수천 년의 역사를 깨웠습니다.

이번에는 신라시대로 가볼까요? 경기도 연천군 장남면 고랑
포리 민통선에는 아담한 왕릉 하나가 자리 잡고 있습니다. 신

라의 1000년 사직을 고려 왕조에 바친, 신라의 마지막 왕 경순왕의 무덤입니다. 이는 천년고도 경주를 벗어나 경기도 땅에 만들어진 유일한 신라 왕릉인데, 한국전쟁 당시 여섯 발의 총탄을 맞은 자국이 아직도 **경순왕 비석**에 선명하게 남아 있습니다.

　　경순왕릉이 다른 왕릉보다 초라하고 작은 이유는 나라를 잃고 고려 왕건에게 항복한 이름뿐인 왕이었기 때문입니다. 경순왕은 태조 왕건의 장녀인 낙랑공주와 결혼해서 경기도 지역에 자리를 잡았지만, 하루하루 고향을 생각하며 슬픔에 젖어 있었다고 합니다. 보다 못한 낙랑공주가 경순왕의 우울한 마음을 위로하고자 산 중턱에 암자를 지어 멀리서나마 고향 땅을 바라볼 수 있도록 했다네요.

　　경순왕은 매일 암자가 있는 이 산에 올랐다고 합니다. 신라 도읍을 사모하며 눈물을 흘렸다 해서 도라산都羅山이라 불리고 있습니다. 도라산 정상에 오르면 전망대가 있는데, 이 전망대는 손만 뻗으면 북녘 땅이 잡힐 것처럼 서부전선의 전망대 중 가장 북쪽에 가깝습니다. 도라전망대에서 망원경으로 북녘땅을 바라보면 북한에서 두

총탄 흔적이 남아 있는 경순왕 비석

번째로 큰 도시인 개성과 송악산이 선명하게 보입니다. 분단
전에는 비무장지대도 우리 민족의 삶의 터전이자 역사가 살
아 숨 쉬는 곳이었습니다. 그러나 지금은 역사의 무덤이 되어
잠자고 있으니, 참으로 안타까운 일입니다.

중부전선은 한국전쟁 당시 격렬한 전투가 가장 많이 벌어진
곳이었습니다. 특히 철원 비무장지대는 중부전선의 심장부라
고 할 수 있는 전략적 요충지였지요. 북한군의 중부전선 본거
지이기도 했기 때문에 남한의 군인들은 이곳을 점령하기 위
해 수많은 전투를 치렀습니다. 이런 이유로 철원에는 전쟁의
상처가 더 깊이 남아 있습니다. 끊어진 철로, 쓰러진 기관차,
남북 이념 대립의 산증인인 구 노동당사 건물, 지금은 지뢰밭
으로 변한 집터와 공장들, 그뿐만 아니라 멀리는 삼국시대부
터 조선시대에 이르기까지 많은 역사의 산물이 전쟁 때문에
파괴되고 상흔으로 남아 있습니다. 중요한 몇 가지를 한번 살
펴볼까요?

　　성산성은 강원특별자치도 철원군 김화읍 읍내리에 있는
여러 유적지 중에서 삼국시대와 고려시대, 조선시대의 유물을
고루 끌어안고 있는 곳입니다. 남방한계선에 위치한 성산성은
육군사관학교 발굴조사단의 '비무장지대 및 민통선의 유적
조사'로 실체가 확인되었습니다. 이곳에서 한국전쟁의 흔적인
총탄과 지뢰는 물론 백자·분청사기·청자 등 온갖 시대의 유
물과 문화재가 함께 발견되었다고 해요.

　　삼국시대 때 만들어진 것으로 추정하고 있는 성산성은

철원 성산성

가파른 자연 지형을 이용한 천연 요새라고 할 수 있습니다. 성재산 8부 정도 높이에 만들어진 산성은 둘레가 982미터나 되는데, 곳곳에서 삼국시대뿐만 아니라 고려·조선시대의 기와들이 발견되었습니다. 성산성의 축성 양식으로 보면 삼국시대의 한반도, 특히 중부권의 전투 양상을 엿볼 수 있는 곳으로 평가되고 있지요.

성산성이 있는 성재산 기슭에는 슬픈 사연이 깃든 대형 봉분이 있습니다. 바로 **전골총**이라 불리는 무덤입니다. 폭 30미터, 높이 7미터 규모의 이 무덤은 산등성이로 펼쳐진 철책에 둘러싸여 있는 탓에 돌보는 이 없이 방치되어 왔습니다. 전골총은 병자호란을 겪으면서 만들어졌는데, 현재 유골 1000여 구가 집단으로 묻혀 있다고 추정합니다.

병자호란은 1636년조선 인조 14년 청나라 태종이 10만 대군을 이끌고 조선을 침입해 일어난 전쟁입니다. 1637년 1월 28일, 김화 백전전투에서 당시 평안도 관찰사 홍명구 군대가 청나라 군대와 싸우다가 홍명구를 비롯해 1000여 명의 군사들이 전사했습니다. 1645년 김화 현령 안응창은 임시로 매장되었던 유해들을 모아, 현재 DMZ에 속해 있는 성재산 기슭에 합장하고 전사자의 넋을 위로했습니다.

철원이 후삼국 시기 궁예가 세운 태봉국의 수도라는 사실을 알고 있었나요? '궁예도성'이라고도 불리는 **태봉국 철원성**은 철원군 홍원리 소재의 비무장지대 안에 있습니다. 훗날 폭군으로 전락했지만, 궁예의 초심은 '천지와 상하가 하나가 되는 나라'를 세우는 것이었다고 해요. 그래서 '영원한 평화가

철원 전골총

철원 궁예도성 터

깃든 평등세계'를 꿈꾸며 외곽성 12.5킬로미터, 내곽성 7.7킬로미터에 이르는 규모의 궁궐을 조성했습니다.

안타깝게도 찬란했던 그 시대의 영광은 다 사라지고 지금은 도성의 옛터만이 덩그러니 남아 있습니다. 거대한 철원평야에 세워진 궁예도성은 전쟁이 일어나면서 형체가 파괴되었고, 설상가상으로 비무장지대에 묻히면서 흔적을 찾는 것조차 힘들어졌습니다. 비무장지대에 속해 있기 때문에 직접 가볼 수도 없고요. 크고 하나 된 나라를 꿈꾸었던 궁예의 초심도 지금은 아련한 전설처럼 남아 있을 뿐입니다.

철원 화개산 자락에 가면 통일신라 시대의 사찰 **도피안사**를 만나게 됩니다. 도피안사到彼岸寺란 '깨달음의 언덕으로 건너간다'라는 뜻의 사찰로, 865년경문왕 5년 도선국사가 창건했습니다. 이곳에는 도선국사가 건립·주조했다는 삼층석탑보물 223호과 높이 91센티미터의 철조비로자나불좌상국보 제63호이 있습니다. 지금의 도피안사는 한국전쟁 때 완전 폐허가 된 것을 1959년 당시 육군 제15사단에서 재건한 모습입니다.

이 외에도 철원군 갈말읍에는 삼한시대에 축소된 **철원토성**이 있습니다. 성산성과 더불어 철원 지방의 유구한 역사를 품은 유적이지요. 평지에 쌓은 장방형 토성인 이 성 안에서 당시의 주거 흔적을 비롯해 신석기시대의 토기와 석기류가 출토되었습니다. 현재 성의 삼면은 없어지고 한쪽만 남아 있어요.

철원 도피안사
철조비로자나불좌상

철원토성

철원에 남은 전쟁의 흔적

강원특별자치도 철원군 동송읍 장흥리와 갈말읍을 잇는 다리를 '승일교承 日橋'라 부릅니다. 민통선에서 벗어나 한탄강에 걸쳐 있는 이 승일교는 남과 북이 함께 완성한 의미 있는 다리입니다. 승일교는 전쟁 전인 1948년에 북한이 장흥리 쪽에서부터 만들기 시작했습니다. 그러나 한국전쟁이 시작되면서 북한이 더 이상 공사를 진행할 수 없게 됩니다. 결국 전쟁이 끝나고 철원 땅이 남한 쪽으로 넘어오면서 남한이 중단된 승일교 공사를 마무리했지요. 이렇게 시공자와 완공자가 다른 승일교는 교각의 아치 모양에도 차이가 납니다. 북한에서 먼저 지은 다리 교각은 둥글고, 남한에서 지은 다리 교각은 약간 둥근 네모 형태를 하고 있습니다.

하지만 1996년 7월, 철원을 휩쓴 엄청난 집중호우로 다리의 교각이 약해지면서 안전 문제가 제기되었습니다. 결국 승일교를 대신할 새로운 다리를 건설해 2002년 7월, 길이 166.8미터의 튼튼한 철제다리인 한탄대교가 개통되었지요. 지금은 이 한탄대교로 차들이 지나다니고 있습니다. 현역에서 은퇴한 승일교는 근대문화유산에 등재되어 지금은 정부 차원의 보호를 받으며 영원히 역사의 유물로 남게 되었습니다.

이 외에도 철원에서는 전쟁과 분단의 흔적을 곳곳에서 만나 볼 수 있습니다. 철원 월정리역과 녹슨 철마기관차를 대표적으로 꼽을 수 있겠지요. 월정리역은 서울과 원산을 잇는 경원선 철마가 쓰러져 있는 곳입니다. 금강산을 향하던 경원선은 전쟁 전에는 많은 사람과 물자를 운송했지만, 한국전쟁으로 기찻길이 월정리역에서 끊겼습니다.

월정리역의 끊어진 철로 위에는 한국전쟁 당시 폭격으로 부서진 철마의 뼈대만 흉물스럽게 남은 채 지금까지도 누워 있습니다. 철마에는 70년 넘는 세월을 말해 주듯 검붉은 녹이 뒤덮여 있고요, '철마는 달리고 싶다'

승일교

옛 경원선 월정리역

라는 안타까운 절규가 적힌 팻말만이 쓰러진 철마를 지키며 우두커니 서 있습니다.

철원에서 북한의 흔적을 발견할 수 있는 또 다른 곳이 바로 노동당사입니다. 한국전쟁이 일어나기 전 1946년 북한 노동당이 철원과 인근 지역을 관할하기 위해 지은 건물이지요. 전쟁으로 다 부서지고 지금은 건물의 골격만 남아 있지만, 노동당사야말로 역사의 산증인입니다. 전쟁이 끝난 뒤, 노동당사 뒤편 방공호에서는 처참하게 학살된 양민들의 유골과 실탄 등이 발견되기도 했습니다.

해발 395미터의 백마고지는 철원평야를 한눈에 굽어볼 수 있는 군사적 요충지로, 한국전쟁 때 치열한 전투가 벌어졌던 곳으로 잘 알려져 있습니다. 1952년, 백마고지를 두고 국군 제9사단과 중공군 제38군 사이에 서로 양보할 수 없는 전투가 벌어졌습니다. 백마고지의 주인이 스물네 번이나 바뀔 정도였지요. 이 전투에서 사용된 포탄만 해도 30만 발이라, 10일간의 싸움으로 고지의 높이가 1미터나 낮아졌다고 합니다. 결국 우리 국군이 백마고지 전투에서 승리했습니다. 백마고지 정상에는 통일을 염원하고 전쟁 승리를 기념하기 위해 세운 전적비가 있어요. 기념관에는 전투에서 희생된 병사들을 추모하는 위령비와 분향소가 설치되었고, 백마고지를 조망할 수 있는 전망대에는 평화를 기원하는 마음이 온 누리에 울려 퍼지기를 기원하는 큰 종이 종각에 걸려 있습니다.

귀중한 생태관광 자원으로 부상한 비무장지대

과거의 비무장지대 관광은 지금과 좀 달랐습니다. 접경 지역 자치단체들이 군부대와 함께 조성한 전망대에 올라 철책 너머로 북녘의 땅을 바라보는 것이 주요 관광 내용이었습니다. 또 남북 관계가 팽팽하게 대립하던 1970~80년대에는 북한이 어떻게 호시탐탐 침략을 노리고 있는지에 관한 설명을 듣곤 했지요. 특히 한국전쟁 당시 북한군의 침투 과정이나 우리 군의 철통 같은 경계 작전, 북한군의 귀순 경로 등에 관해 소개하고 반공과 안보의 중요성을 강조했습니다. 그 시절 두루미 월동지 철원의 안내자는 두루미들이 먹이활동은 주로 철원평야에서 하고, 밤에는 비무장지대에 잠자리를 마련하는 생태적 습성을 알지 못해 "두루미들도 자유를 그리워해 아침마다 남녘땅으로 날아온다"는, 웃음이 절로 나오는 안보 해설을 했다고 합니다.

비무장지대를 찾는 사람들에게는 관광보다 '순례'의 의미가 더 큽니다. 한국전쟁을 경험했던 세대들은 이 땅에서 전쟁이 다시 일어나서는 안 된다는 생각으로 한국전쟁이 일어났던 6월 25일을 기념해 전방을 찾아옵니다. 반면, 젊은 세대는 한국전쟁 정전협정일인 7월 27일과 8·15 광복절을 전후해 이곳을 찾아와 한반도의 평화와 통일을 기원합니다. 방문객들은 한국전쟁과 분단의 상징과도 같은 비무장지대에서 한

임진각 평화통일 기원 메시지

철원에 탐조하러 온 국제두루미협회의 이사들

반도의 현실을 체험하고 통일과 평화의 소중함을 느낄 수 있지요. 특히, 외국 관광객들은 지대한 관심을 보이며 남북 분단의 현장인 비무장지대를 방문합니다. 서부전선 도라전망대에서 만난 어느 외국인 관광객은 "긴장 속의 평화, 적막 속의 평화가 놀랍다"고 말하기도 했습니다.

　　앞으로 비무장지대 관광은 복합적으로 이루어져야 합니다. 안보관광 뿐만 아니라, 다시는 이 땅에서 전쟁이 일어나서는 안 된다는 사실을 일깨워 주는 평화관광, 전쟁으로 파괴된 자연이 어떻게 복원되는지를 보여 주는 생태관광이 함께 어우러질 때 한반도 비무장지대의 가치는 더욱 높아지고 나아가 세계생태자연문화유산으로 우뚝 설 것입니다. 특히 우리가 주목하는 것은 DMZ가 품은 미래의 생태적 가치가 중심이 되는 생태관광입니다.

DMZ 평화의 길

최근 남북관계는 돌파구가 보이지 않는 경색 국면에 있지만, 한반도에 화해의 분위기가 조성되던 때가 있었습니다. 2018 평창동계올림픽에 북한 선수단과 응원단이 참가하면서 평화의 기운이 감돌기 시작했고요. 같은 해 4월 27일 열린 남북정상회담에서 남북 정상은 '판문점 선언'으로 "비무장지대를 실질적 평화지대로 만들어 나가기로 했다"고 합의했습니다.

문재인 정부는 DMZ에 평화를 공고히 정착시키고, 접경지역의 번영·발전을 촉진하기 위해 'DMZ 평화의 길'을 추진했습니다. DMZ 평화의 길은 크게 횡단노선과 테마노선으로 나뉩니다. 횡단노선은 인천광역시 강화군부터 강원특별자치도 고성군까지 총 524킬로미터를 횡단하는 길로 만들었습니다. 테마노선은 2019년 시범 개방된 이후 2022년 11곳이 일반인들에게 전면 개방되어 운영되고 있습니다.

테마노선은 강화, 김포, 고양, 파주, 연천, 철원, 화천, 양구, 인제, 고성 등 비무장지대를 접하고 있는 지자체 10곳이 모두 참여해 노선을 구성했습니다. 각 코스에는 그 지역만의 특색 있는 관광자원을 앞세워 차별성을 두었지요. 구간 대부분은 참여자의 안전과 각종 야생동식물 보호를 위해 차량으로 이동하되, 일부 구간은 직접 걸으며 자유와 평화의 의미를 되새기고 분단의 아픔을 돌아볼 수 있도록 구성했습니다.

인천·경기 지역에서는 옛 군사시설인 돈대와 실향민의 삶의 터전인 대룡시장을 체험할 수 있는 '강화 코스', 임진강·예성강·한강이 합류하는 조강과 북한의 선전마을을 생생하게 바라볼 수 있는 '김포 코스', 장항습지와 행주산성을 함께 체험할 수 있는 '고양 코스', 임진각과 도라전망대 등 대표적 평화관광지를 포함한 '파주 코스', 삼국시대부터 대표적 군사 요충지였던 호로고루를 포함한 '연천 코스'를 개방했습니다.

강원 지역에서는 백마고지 전적지를 살펴볼 수 있는 '철원 코스', 가곡 '비목'의 배경이 된 백암산을 케이블카로 오를 수 있는 '화천 코스', 원시림인 두타연을 간직한 '양구 코스', 백두대간의 아름다운 풍경을 한눈에 바라볼 수 있는 '인제 코스', 동해안을 따라 이어지는 해금강과 금강산을 함께 조망할 수 있는 '고성 코스' 등을 체험할 수 있습니다.

DMZ의 신비를 확인해 볼 수 있는 DMZ 평화의 길은 70년 만에 일반인에게 공개된 트레킹 코스입니다. 분단 현실과 민통선의 생태를 관찰하는 동시에 우리 민족의 평화와 화합을 다짐할 수 있는 길이기도 합니다. 참가자들은 마을 주민 등으로 구성된 해설사나 안내요원의 설명을 들으며 접경 지역에서만 볼 수 있는 천혜의 관광자원과 그 안에 숨어 있는 다양하고 매력적인 이야기를 만나볼 수 있습니다. 정부는 앞으로 지자체 등과 협력하여 DMZ와 그 일원을 한국에서만 볼 수 있는 세계적인 평화·생태체험 관광자원으로 육성해 나갈 계획이라 합니다. 마음에서 멀게만 느껴졌던 DMZ를 직접 걸어 볼 수 있다니, 참 반가운 소식입니다. 자세한 코스 정보 확인과 예약은 DMZ 평화의 길 홈페이지www.durunubi.kr/dmz-main.do에서 할 수 있으며, 운영 코스와 시간 등은 해마다 달라질 수 있으니 미리 확인하고 신청하는 것이 좋습니다참가비 1만원.

분단선에서 생명선으로

DMZ 평화의 길 주요 코스(2024년 기준)

강화	강화평화전망대 코스	갑곶돈대, 강화전쟁박물관, 의두분초, 의두돈대, 강화평화전망대
김포	한강하구-애기봉 코스	시암리 철책길, 철새 도래지, 애기봉평화생태공원, 조강, 한강하구
고양	장항습지생태 코스	행주산성, 장항습지
파주	임진각-도라산 코스	임진각, 생태탐방로, 통일대교, 도라전망대
연천	1.21 침투로 탐방 코스	김신조 침투로, 비룡전망대, 호로고루
철원	백마고지 코스	백마고지전적비, 백마고지조망대, 공작새능선조망대, C통문
화천	백암산 비목 코스	평화의댐, 화천평화생태특구, 북진로, 오작교, 평화누리길, 안동철교
양구	두타연 피의능선 코스	두타연, 금강산 가는 길 통문, 31번 국도, 산양 서식지
인제	대곡리초소-1052고지 코스	대곡리초소, 1052고지, 을지삼거리
고성	통일전망대 코스	해안 철책길

*상황에 따라 테마 코스 구간 변경 및 일부 통제 가능, 만 7세 이상 참여, 참가비 1만원 예약과 신분증 지참 필수

DMZ 평화의 길 연천 호로고루

분단선에서 생명선으로

DMZ 평화의 길 양구 두타연에서 금강산 가는 옛길

양구 두타연 자연 생태 트레킹 길

세상에는 많은 길이 있습니다. 요즘처럼 다양한 테마를 앞세운 걷기 열풍은 지역의 특색 있는 자연경관을 활용한 길이 있기에 가능한 일입니다. 그렇게 생긴 수많은 길 중에서 제가 꼭 한번 걸어 보라고 추천하고 싶은 길이 있습니다. 바로 양구 두타연 자연 생태 트레킹 코스입니다. 민통선을 따라 걷는 평화의 길이기도 하지요. 금강산 가는 길 안내소에서 출발하는 DMZ 평화의 길 '두타연 피의 능선 코스'는 길이 16.7킬로미터로, 금강산 가는 길 민통선 출입통제소통문에서 삼대교 통문까지 왕복 2.7킬로미터는 도보로만 갈 수 있습니다.

군사보급로를 따라 걷는 두타연 길은 이 땅이 둘로 나뉘기 전에 금강산으로 가는 길로 유명했습니다. 이곳에서 금강산까지의 거리는 불과 32킬로미터밖에 되지 않거든요. 조심스럽게 북쪽으로 발걸음을 내딛다 보면, 분단 현실과 민통선의 생태를 느낄 수 있고, 우리 민족의 평화와 화합을 꿈꾸게 됩니다. 그래서인지 양구 두타연은 연간 8만여 명이 찾는 접경지역 최대의 관광 명소가 되었습니다.

길 양 옆에 미확인 지뢰밭이 있는 군사보급로를 따라 걷다 보면 평화와 긴장이 공존하는 순간을 경험할 수 있습니다. 지뢰지대는 사람들이 들어가지 못하면서 커다란 숲이 형성되어 말 그대로 원시적인 자연환경을 이루었죠. 고라니와 산양이 얼굴을 빼꼼 내밀고 지나가는 민간인을 구경하다가 금세 숲 저편으로 줄행랑을 칩니다. 때로는 멧돼지 가족이 경계작전을 하는 병사들은 안중에도 없다는 듯 군사보급로를 가로질러 건너

두타연 트레킹 코스 입구

금강산 가는 옛길 통문

편 지뢰밭으로 이동하는 광경도 목격할 수 있습니다. 또 얼굴에 위장크림을 바른 전방의 경계병들을 만날 수도 있고요. 전방의 물자를 수송하는 군용 트럭들이 비포장도로를 지나가고 나면 뽀얗게 일어나는 흙먼지를 먼발치서 볼 수도 있답니다.

이 길은 분단의 시간 동안 자연 그대로의 질서를 회복한 생태계를 보여 줍니다. 계절마다 갖가지 식물의 꽃이 숲속을 아름답게 수놓는 것을 보며 자연의 놀라운 생명력을 직접 체험할 수 있습니다. 어쩌면 누군가는 우리 민족 분단의 아픔이 깃든 비무장지대를 따라 걸으며 평화를 기원할 것입니다. 두타연 주변은 세계에서 유일한 분단 국가의 현장이자 뜻밖의 세계자연생태유산과 만날 수 있는 아주 소중한 길입니다.

요즘 강원특별자치도 양구군 해안면의 트레킹 코스인 'DMZ 펀치볼 둘레길'을 찾는 사람도 많아졌습니다. 산림청이 조성한 숲길 중 산림·생태적 가치나 역사·문화적 가치가 높아 체계적인 운영·관리가 필요한 숲길을 '국가숲길'로 지정해 관리하고 있는데, 양구의 DMZ 펀치볼 둘레길이 그중 하나입니다. DMZ 펀치볼 둘레길은 평화의길, 오유밭길, 먼멧재길, 만대벌판길 총 네 개의 구간으로 나누어져 있으며, 예약제로 운영합니다.www.dmztrail.or.kr 1일 2회 하루 100명만 숲길등산지도사와 함께 걸을 수 있습니다.

병사를 신경 쓰지 않고 이동하는 멧돼지

지뢰밭의 산양

'펀치볼마을'로 불리는 양구 해안마을 이야기

높은 산이 병풍처럼 마을 전체를 둥글게 감싸고 있는 곳. 언뜻 보기에 동그란 접시 모양 같기도 하고, 가마솥 모양 같기도 합니다. 몇 해 전까지만 해도 민통선 구역에 속해 있던 강원특별자치도 양구군 해안마을 이야기입니다. 그러나 해안마을이라는 명칭보다는 '펀치볼마을'로 더 잘 알려졌지요. 한국전쟁을 취재하러 왔던 미국 종군기자들이 이 마을의 지형이 마치 펀치볼punch bowl, 그러니까 화채 그릇처럼 생겼다고 해서 펀치볼마을이라 부르기 시작했답니다.

양구 해안면 전체가 하나의 큰 분지인 이곳은 평균 1000~1100미터의 높은 산지로 둘러싸여 있습니다. 마을 북동쪽에는 을지전망대1049미터가 있고, 능선을 따라 서쪽으로 가다 보면 금강산 일만이천봉을 만들 때 일곱 개의 봉우리가 모자랐는데 마지막으로 가칠봉1242미터이 더해져 완성되었다는 이야기가 전해집니다. 그뿐인가요? 천연보호구역인 대우산1178미터과 한국전쟁 당시 해병대가 참전해 큰 전과를 올린 도솔산1147미터, 그리고 고층습원 용늪이 있는 대암산1304미터까지 사방이 높은 산자락에 둘러싸여 있습니다.

양구 해안재건비

펀치볼마을은 동서 7킬로미터, 남북 8.5킬로미터로 면적은 61제곱킬로미터에 이릅니다. 이 마을은 큰 별똥별, 즉 운석이 떨어져 생겼다는 학설이 제기되면서 더욱 유명해지기 시작했습니다. 하지만 나중에 새로운 지형학적 연구가 이루어지면서, 침식을 견디는 강도가 달라서 만들어진 차별침식 분지로 수정되었지요.

　양구군 해안면의 개척사는 1956년 4월 육군 6사단 장병들이 첫 입주민 160가구를 이곳으로 옮기면서 시작되었습니다. 한국전쟁이 끝나고 정부의 '수복지구 민간인 입주 계획'에 따라 처음 이곳에 이주한 것이지요. 펀치볼마을 주민들은 오랜 전쟁으로 황폐해진 땅을 개간했고, 결국 황무지가 옥토로 바뀌면서 소중한 삶의 터전을 일구어 냈어요. 이런 이주민들의 개척정신을 기리는 기념비가 양구 해안면 중심지에 세워져 있습니다.

양구 펀치볼마을 전경

양구 펀치볼마을의 여름

야생동물을 위한 생태 통로를 만들자

군사분계선을 기준으로 끝없이 촘촘하게 이어진 철책. 바로 남쪽 최전방의 모습입니다. 남북 관계의 긴장과 갈등이 심해질수록 남쪽의 철책은 더욱 높고 조밀하게 보강되어 지금의 형태가 되었습니다. 지금의 경계용 철책은 1960년대에 공사를 시작해 1970년대에 완공되었습니다. 철책 높이는 3미터 정도인데, 그 위에는 Y자형 철주를 얹고 다시 그 위에 원형 철조망을 촘촘히 설치합니다. 사실상 적군이 이 철책을 통과해 침투하기는 쉽지 않습니다. 강철로 된 사각 모양의 촘촘한 철책은 절단기로도 잘 끊어지지 않거든요. 전방에는 이 철책이 이중 삼중으로 쳐진 곳이 많습니다.

2000년 동부전선에서 산양을 취재할 때의 일입니다. 비무장지대 쪽 옛 철책의 흙이 무너지면서 빈틈으로 산양이 들어왔습니다. 산양은 나갈 곳을 찾지 못하고 이리저리 뛰어다니면서 철책에 부딪히고 있었지요. 전방 경계병사의 보고를 받은 전방 수색중대장은 산양을 구조하기 위해 신형 철책과 구형 철책 사이로 들어갔습니다. 자신을 구하러 온 줄 모르는 산양은 중대장을 뿔로 받으며 공격했지요.

숨바꼭질이 한 시간이나 계속되었습니다. 마침내 중대장은 조심스럽게 산양에게 다가가 두 팔로 꽉 안아서 잡을 수 있었

습니다. 그 과정에서 중대장은 산양의 뾰족한 뿔에 다리를 받혀 다섯 바늘이나 꿰매는 상처를 입었습니다. 아마도 비무장지대 철책 안에서 산양을 직접 껴안아 보고, 산양 뿔에 받혀도 본 군인은 이 수색중대장밖에 없지 않을까요? 다행히 산양 구출 작전이 무사히 끝나 산양을 다시 비무장지대로 돌려보내 주었지요.

2004년 중부전선에서는 산양의 번식기를 맞아 철책을 사이에 두고 암수가 서로를 그리워하는 모습이 관찰되기도 했습니다. 비무장지대에서 살고 있던 산양은 가장 높은 바위에 올라 철책 너머의 산양을 응시했습니다. 철책 밖 민통선에 살던 산양도 바위에 올라가 비무장지대 안쪽에 있는 산양을 바라보았습니다.

높은 철책 때문에 그들은 오갈 수도 만날 수도 없었습니다. 두 산양은 온종일 꼼짝도 하지 않은 채 그 자리에서 떠나지 못했습니다. 사람뿐만 아니라 동물들에게도 이산가족이 생긴 것이지요. 철책에 가로막혀 비무장지대 안팎을 오갈 수 없는 산양들이 참 안타까웠습니다. 이런 야생동물들을 위해 철책에 이동통로를 만들자는 주장이 제기된 적도 있는데요. 국가 안보 문제 때문에 아직 받아들여지지 않고 있습니다.

비무장지대의 야생동물에게는 그 안에서 사는 동물들과 제한된 번식 활동을 해야 한다는 점이 문제입니다. 근친 교배가 반복되면 열성 유전자가 발현될 가능성이 높은데, 특히 산양처럼 멸종위기종의 근친 교배는 종족 증식을 더 어렵게 하죠. 고라니와 멧돼지, 산토끼, 너구리와 오소리 등 다른 포유류들도 사정은 비슷합니다. 생태계를 위해서라도 비무장지대 철책에 야생동물 이동통로를 만들 수 있는 날이 빨리 왔으면 좋겠습니다.

분단선에서 생명선으로

이산가족이 된 산양

감염병에는 경계가 없다

비무장지대에서 발생하는 감염병 문제도 건강한 생태계를 위해 해결해야 할 과제입니다. 모기 중에는 귀찮게 하는 정도가 아니라 '말라리아'라는 무서운 병을 옮기는 모기가 있습니다. 바로 중국얼룩날개모기입니다. 말라리아는 전 세계적으로 발생하는 모든 감염질환 가운데 가장 오래된 질병 중 하나입니다. 해마다 전 세계 말라리아 환자의 수가 1억에서 2억 명에 이를 정도로 많은 인류를 괴롭히고 있지요. 말라리아는 증상이 심해지면 사람의 목숨을 앗아 가기도 하는 무서운 병입니다.

우리나라에서 '학질'이라 불렸던 말라리아는 산업이 발달하고 위생 수준이 높아지면서 소독과 방역 작업으로 사라졌습니다. 그런데 완전히 사라진 줄 알았던 말라리아가 1994년에 다시 나타나기 시작해 사람들을 긴장시켰습니다. 전방 지역에서 군 복무를 하던 장병들이 비슷한 증상을 보이며 잇따라 병원에 입원했는데, 말라리아모기에 감염된 것으로 확인되었지요.

1996년 말라리아모기 감염 환자는 모두 356명이었는데, 2000년에는 4142명으로 크게 늘었습니다. 상황이 점점 나빠지자 국방부는 모기 출현 시기인 6월부터 전방의 모든 군인에게 경계 작전에 나설 때는 한여름에도 긴 옷과 약품 처리한 옷을 입도록 긴급 명령을 내렸습니다. 모기에 물리지 않도록 얼굴에도 커다란 방충망을 쓰도록 했지요.

그동안 사라졌다고 믿었던 말라리아가 다시 발생하자 방역 당국은 말라리아모기의 감염 경로를 조사해 보았습니다.

그 결과 말라리아 병원균이 북한의 비무장지대를 거쳐 남쪽으로 들어왔을 가능성이 크다고 분석되었습니다. 하지만 가로막힌 철책 때문에 아직도 말라리아 병원균이 발생한 정확한 원인은 밝혀지지 않고 있습니다.

1993년에는 한반도에서 완전히 사라졌다고 믿었던 광견병이 비무장지대 근처 철원에 다시 나타났습니다. 젖소가 아무런 이유 없이 시름시름 앓다가 죽었는데, 원인을 조사해 본 결과 그동안 발견되지 않았던 광견병에 걸린 사실이 확인되었지요. 광견병은 1987년 이후 한 차례도 발생하지 않아 우리나라는 이 병을 2종 법정감염병으로 분류하고, 광견병 종식을 보고하려고 했는데, 그때 다시 DMZ에서 나타난 것입니다. 그 이듬해 봄, 광견병은 연천·철원·화천 등 DMZ 인접 지역에 빠른 속도로 확산되었습니다. 원래 광견병은 야생동물인 오소리나 너구리가 개나 가축에게 옮기는 병입니다. 광견병이 확산되자 정부는 비무장지대 근처의 오소리와 너구리에게 광견병 백신이 들어간 먹이를 뿌려 주고, 먹는 양을 조사하면서 광견병 확산을 막기 위한 조치를 취했습니다.

아프리카돼지열병 문제는 더욱 심각합니다. 2019년 국내에 아프리카돼지열병이 발병하자 방역 당국은 감염 경로를 놓고 역학조사를 벌였습니다. 그 결과 북한에서 발생한 아프리카돼지열병이 비무장지대를 거쳐 접경지역으로 퍼졌다고 추정했지요. 국방부는 이 감염병을 잡기 위해 항공 방역에 나섰습니다. 발병 지역인 경기도 연천 중부 일대 DMZ를 포함해, 민통선 이북 모든 접경지역이 방역 대상이 되었습니다.

항공 방제는 1주일 동안 이어졌습니다. DMZ 내 헬기 방역 조치는 유엔군사령부와 협의한 끝에 이루어졌으며, 북한 측에 관련 사실을 통보했습니다. 특히 국방부는 DMZ에서 남쪽으로 넘어오는 모든 멧돼지를 사살하도록 지침을 내리며 총력 방역에 나섰습니다. 그러나 방역의 허점을 뚫고 아프리카돼지열병은 접경 지역을 넘어 이남 지역으로 빠르게 확산세를 나타냈습니다.

광견병, 말라리아처럼 시대를 초월한 감염병의 재등장으로 우리 땅에서는 완전히 사라졌다고 믿고 방역에 소홀했던 감염병이 비무장지대에서는 여전히 번식하고 있음을 확인할 수 있었습니다. 이런 감염병의 발생이 그동안 방역 작업이 제대로 이루어지지 않은 북한에서 넘어온 것인지, 아니면 오랫동안 사람의 발길이 끊기면서 방역이 이루어지지 않은 비무장지대 내에 감염균이 남아 있었던 것인지는 분단된 지금으로서는 정확히 원인을 밝힐 수가 없습니다. 하지만 분명한 것은 이 같은 감염병이 남과 북 모두에게 큰 피해를 줄 수 있다는 사실입니다.

주머니 속 가시 같은 존재인 비무장지대의 감염병은 빨리 없애야 합니다. 가까이는 비무장지대를 지키는 남과 북 군인들의 안전을 위해서, 넓게는 우리 한반도 전체의 안전을 위해서도 꼭 필요한 일이지요. 남한만 철저하게 소독하고 방역 체계를 갖춘다고 문제가 해결되지는 않습니다. 이는 어디까지나 반쪽 방역인 셈이니까요.

남북한이 함께 비무장지대와 그 일대에서 공동으로 벌

이는 소독작업과 방역체계를 갖추는 것이 남과 북 모두의 건강을 지키는 지름길이 될 것입니다. 이념 대립으로 국토는 남북으로 나뉘었지만 자연 생태계는 여전히 이어져 있으니까요. 이념을 떠나 남북이 함께해야 할 일들이 많습니다.

북한 기정동마을의 봄 풍경

독일 그뤼네스반트에서 배운다

2021년 10월 동서독 분단의 현장을 종단하며 통일 후 모습을 기획·취재한 적이 있습니다. 독일은 1990년까지 한반도와 함께 세계 냉전의 상징이었으나, 통일이 된 후 국경이 완전히 다른 모습으로 바뀌었습니다. 그뤼네스반트Grünes Band는 우리말로 '녹색 띠'라는 의미로, 분단 시절 경계 지역이었던 곳의 자연이 그대로 보존되어 있어 통일 이후에 이렇게 부르고 있습니다. 영어권에서는 '그린벨트Green Belt'라 부릅니다. 그뤼네스반트는 동서독의 경계선을 죽음의 땅에서 생명의 생태 축으로 바꾸어 놓았습니다.

자연보호구역의 상징인
부엉이 모양 표지판

그뤼네스반트는 길이 1393킬로미터로 한반도 DMZ 248킬로미터보다 다섯 배 길고, 폭은 50~200미터로 한반도의 4킬로미터보다 아주 좁습니다. 면적은 177제곱킬로미터로 튀링겐주를 포함한 아홉 개 주州 정부를 통과하며 국립공원 한 곳, 생물권보전지역 세 곳, 자연보전지역 150곳에 걸쳐 있습니다. 이 일대에는 약 5200종의 동·식물이 서식하고 있으며, 그 가운데 600종 이상이 멸종위기종이라고 합니다.

그뤼네스반트는 폭이 좁은 편이지만, 109곳의 중요한 서식지를 포함하고 있어요. 그중 절

옛 동독 지역에 있는 분단의 장벽

분단의 장벽을 잘 보존해 놓은 동독 작센-안할타주 접경지 회텐스레벤

분단선에서 생명선으로

반 정도의 서식지 유형이 독일 적색목록에 '위기 서식지'로 분류될 정도로 생태적 가치가 뛰어납니다. 먹황새, 유럽수달, 유럽살쾡이, 복주머니란 등 독일 적색목록에 오른 600종 이상의 희귀·멸종위기종이 이곳에서 발견되고 있지요.

일부 지역에서는 동독이 설치한 군 순찰로나 감시탑 등 냉전 시대의 역사 유물을 보존하여 지금은 접경지역 박물관과 생태교육장으로 사용하고 있습니다. 특히 마을 주민을 중심으로 직접 생태체험 프로그램을 운영하지요. 지역마다 관리인과 생태해설사도 있는데, 대부분 그 지역 출신이어서 생태·문화·역사에 관해 살아 있는 경험을 전하고 있습니다.

그뤼네스반트 보전 활동은 독일이 통일되기 전인 1989년부터 시작되었습니다. 동서독의 경계선이던 지역을 생태 축으로 보전하기 위해 일찌감치 노력해 온 것인데요. 독일의 대표적인 환경단체 분트BUND가 제안하고 독일 정부가 협력했습니다. 분트의 핵심 프로젝트 중 하나가 그뤼네스반트 조성이었는데, 분트는 그뤼네스반트 보존 지역 중 사유지를 매입하여 보존 운동을 펼치기도 했습니다.

그뤼네스반트는 동서독 경계선을 생태계와 문화·역사가 어우러진 공간으로 보전하고 기억하려는 대규모 프로젝트였습니다. 변화는 곳곳에서 일어났습니다. 서독으로 탈출을 감행하던 동독인들을 감시하던 동독군의 옛 순찰로는 걷는 길과 자전거길로 바뀌었고요. 군사정보기지는 생태박물관으로, 옛 군사기지는 호텔로 변신했습니다. 이용과 보전이라는 지속 가능한 관리가 정부와 민간의 협력을 통해 이어지고 있는 것입니다.

독일 그뤼네스반트의 폭은 50~200미터, 길이는 1393킬로미터다

'작은 베를린'이라 불리는 뫼드라로이트(Mödlareuth) 독-독 박물관

분단선이 지나갔던 곳에는 접경박물관 50여 곳을 조성해 분단의 아픔과 통일의 소중함을 전달하고 있는데요. 야외에 있는 각 접경박물관에는 통일 이전의 경계선을 중심으로 동서독 시절 통행검문소, 감시탑, 관측시설 등 각종 군사시설이 그대로 전시되어 있습니다. 특히 서독의 미군기지인 포인트 알파Point Alpha는 나토NATO, 북대서양조약기구군의 최전방 주둔지를 지역 특성에 맞게 접경박물관으로 만들어 눈길을 끕니다. 이곳의 정식 이름은 '경종과 추념과 만남의 장소 포인트 알파'인데요. 미군기지 그대로를 박물관으로 조성해 분단과 대립이 얼마나 비극적인지 방문객에게 전달하고 있습니다. 포인트 알파 접경박물관은 서독 헤센과 동독 튀링겐 경계에 자리하고 있는데, 규모와 범위로 볼 때 동서독 분단 역사에서 가장 큰 교육의 장이라 할 수 있습니다.

　　지역별 분트 지부의 조직과 활동가, 그리고 자원봉사자들의 노력 덕분에 독일은 분단과 죽음의 땅에 관한 기억을 지우고 생태와 평화의 공간을 만들었습니다. 그 결과 그뤼네스반트는 전 세계인들이 찾는 중요한 관광지가 되었지요. 무엇보다 지역주민이 관리자이자 운영자로 참여한다는 점에서 그뤼네스반트의 성공 요인을 찾을 수 있습니다. 독일에서 처음으로 시도한 전국적인 자연보존 프로젝트인 그뤼네스반트는 독일 역사의 살아 있는 기념비가 되었습니다. 냉전과 죽음의 공간이었던 분단 현장이 화합과 생명을 상징하는 공간으로 탈바꿈할 수 있다는 점을 보여 준 것이지요. 그뤼네스반트의 영향력은 독일을 뛰어넘었습니다. 2003년에 이곳을 모태로

회텐스레벤 접경박물관 입구

전쟁 희생자 추모비

'철의 장막' 제2차 세계대전 후 소련이 구축한 정치적·군사적·이데올로기적 장벽. 지리적으로는 발트해의 슈체친에서부터 아드리아해의 트리에스테까지를 의미한다 8500킬로미터에 유럽 그린벨트가 생겼고, 지금은 유럽의 가장 큰 자연보존지역이 되었습니다.

분단과 냉전의 상처로 얼룩졌던 독일 국경지대는 이렇게 역사와 자연이 어우러진 생명의 녹색지대로 탈바꿈했습니다. 그뤼네스반트의 성과를 보면 한반도 DMZ의 미래가 더욱 밝게 느껴집니다. 일단 공간적인 면에서 우리의 DMZ는 더 좋은 조건을 가지고 있어요. 한반도 DMZ는 남북 4킬로미터로, 동서독의 50~200미터보다 폭이 넓어 생물 다양성이 더욱 풍부하기 때문입니다.

그뤼네스반트 기획·취재에서 만난 독일의 전문가들은 무엇보다 남북이 함께 합의하고 추진하는 것이 중요하다고 강조합니다. 이를테면 비무장지대 자연생태조사 같은 실천 가능한 것들이 그 시작이 될 수 있겠지요. 또 "분단의 역사가 유물이 될 수 있다"는 점을 강조하면서 지금의 감시초소, 철책, 군 막사 등도 잘 보존해야 한다고 당부했습니다. 동서독은 통일이 되면서 베를린 장벽을 비롯한 분단의 흔적을 짧은 시간에 허물어 버린 것을 후회하고 있습니다. 그래서 일부 지역은 옛 분단의 흔적들을 다시 설치해 대립의 역사를 재현하며 방문객의 이해를 돕고 있지요.

독일 환경전문가들은 "한국의 시민단체가 정부 기관 등과 함께 DMZ 보호운동에 참여해야 한다"라고 조언합니다. 독일의 경우 2001년부터 지금까지 시민단체들이 독일 연방

정부와 주 정부와 함께 그뤼네스반트 보전을 위해 한목소리로 움직여 왔습니다. 특히 환경단체 분트는 연방정부와 함께 그뤼네스반트 보전 프로젝트를 수행했습니다.

중요한 것은 그뤼네스반트의 중심에 지역주민들이 있다는 사실입니다. 주민이 중심이 되어 주요 지역의 생물상을 조사하고, 지역의 문화와 역사를 기록하며, 지역주민들에게 도움이 되는 지속 가능한 관광 사업을 추진했습니다. 그리고 이를 통해 지역주민들에게 그뤼네스반트의 생태·역사적 의미와 가치를 알리고 자부심을 느끼게 했습니다. 이를 교훈 삼아 우리도 통일 전에 중앙정부와 지방정부, 환경전문가와 지역주민들이 함께 한반도 비무장지대 보전·관리 방안을 논의하고 모색해 나갈 필요가 있습니다.

독일 접경박물관을 찾은 관광객

가까이 있어도 낯선, 미지의 땅. 분단의 상징인 DMZ와 민통선이 이제 새로운 희망의 상징이 되고 있습니다. 통일이 되면 비무장지대는 어떤 모습으로 우리 곁에 남아야 할까요? 지뢰의 위협이 사라진 땅에서 철따라 금강초롱꽃이 꽃을 피우고, 숲에서는 산양과 노루가 뛰어놀며, 다람쥐가 우리를 반기는 모습을 상상해 봅니다. 전쟁이 만들어 낸 상처의 땅, 한반도 비무장지대는 남북한 사람과 야생동식물이 함께 살아가는 공존의 한마당이 되어야 합니다. 그러기 위해서는 지금부터라도 남과 북이 함께 통일 이후 비무장지대를 이용할 방안에 관해 지혜를 모아야 하겠지요.

2018년 남북은 4·27 판문점 선언에서 "남과 북은 지상과 해상, 공중을 비롯한 모든 공간에서 군사적 긴장과 충돌의 근원이 되는 상대방에 대한 일체의 적대행위를 전면 중지하기로 했다"고 선언했습니다. 또 "당면하여 5월 1일부터 군사분계선 일대에서 확성기 방송과 전단 살포를 비롯한 모든 적대행위를 중지하고 그 수단을 철폐하며 앞으로 비무장지대를 실질적인 평화지대로 만들어 나가기로 했다"고 대내외에 공포했습니다.

그러나 판문점 선언 이후, 비무장지대를 평화지대로 만들기 위한 실질적인 방안은 여전히 답보 상태이며 한 걸음도 앞

남쪽의 마지막 역이 아니라
북쪽으로 가는 첫번째 역입니다

KORAIL

Not the last station from the South,
But the first station toward the North.

도라산
←평양　서울→
205km　56km

으로 더 나아가지 못했습니다. 비무장지대를 평화적으로 이용하려면 국제적 눈높이의 생태조사는 물론, 그 활용 방안을 남북이 하나하나 만들어 가야 합니다. 특히 남북의 전문가가 국제환경단체와 함께, 서해에서 동해에 이르기까지 깃대종^한 지역의 생태계를 특징적으로 나타내는 동식물에 관한 생태조사를 실시해야 합니다. 그 조사 결과를 토대로 통일 이전에 보호 방안을 마련한다면 한반도 DMZ는 세계자연생태유산으로 우뚝 서겠지요.

물론 군사 무기가 첨예하게 배치된 북방한계선과 남방한계선, 비무장지대 생태조사에는 많은 어려움이 있을 수 있습니다. 그러나 분단 동서독의 환경단체가 그랬듯, 남북이 협력한다면 그리 불가능한 일도 아닙니다. 이제 DMZ는 우리 민족을 넘어 세계 인류가 함께 누려야 할 소중한 자연유산으로 가꾸어 나가야 합니다.

지난 2012년 우리 환경부가 유네스코에 'DMZ 생물권 보전지역Korea DMZ Biosphere Reserve'을 신청하여 무리하게 추진하다가 북한이 강하게 반발하면서 지정 결정이 유보된 바 있습니다. '구슬이 서 말이라도 꿰어야 보배다', '백지장도 맞들면 낫다'라는 속담이 있지요. 북한과 지역주민의 동의를 제대로 받지 않았으니 어쩌면 당연한 결과이기도 했습니다. 세계 인류를 위해 남북한이 함께 한반도 DMZ를 지속적으로 이용할 방법을 찾아내는 것이 중요합니다. 그것이 한반도 DMZ를 저탄소 녹색 성장의 성지로 만들 수 있는 지름길이고, 일촉즉발의 한반도 긴장 상황을 평화 분위기로 전환하는 계기로 만들 수도 있습니다.

DMZ의 자연이 상생과 화합, 평화와 통일의 길을 찾지 못하는 남북한을 지켜보고 있습니다. 이제는 하늘과 땅, 강과 바다에서 먼저 통일을 이룬 DMZ의 야생동식물로부터 함께 살아가는 방법을 배워야 합니다. 풀 한 포기 날 것 같지 않았던 DMZ를 통일의 싹이 자라나는 숲으로 가꾸어 온 자연처럼, 남북한도 한반도 비무장지대의 변화를 위해 큰 발걸음을 내딛는 행보가 그 어느 해보다 시급한 시점입니다.

DMZ의 귀중한 생태계는 한국전쟁이 남긴 뜻밖의 유산입니다. 이 유산은 우리 민족을 넘어 전 세계 분쟁지역에 전하는 평화와 생태의 메시지입니다. 한국전쟁의 대가, 한반도 DMZ를 전 세계자연생태유산으로 가꾸기 위해서는 각각 남방한계선과 북방한계선에서 바라보았던 DMZ의 반쪽 생태계에서 벗어나야 합니다. 남북한이 힘을 합쳐 DMZ 남북협력방안의 첫걸음을 내딛는 것은 역사적 명제이자 의무입니다.

곤줄박이와 철모

통일 후 DMZ의 토지 소유권 문제

통일이 된다면 DMZ의 소유권 문제가 수면 위로 떠오를 것입니다. DMZ는 미래세대와 전 세계 인류를 위해 '평화와 생명의 공간'으로 거듭나야 하지만, DMZ 일원의 토지 문제가 우리 앞에 장애물로 버티고 있습니다. DMZ는 전쟁이 일어나기 전에는 주민들이 살던 마을이었습니다. 하지만 정전협정이 체결되면서 민간인은 모두 삶의 터전을 등진 채 고향을 떠나야 했지요. DMZ에는 소유 불명의 토지가 많은 데다 이를 증명할 수 있는 토지 등기문서도 제대로 없습니다. 따라서 통일 후에는 큰 사회적 혼란과 갈등이 예상됩니다. 이는 분단이 만들어 준 뜻밖의 자연생태유산을 보전하고 활용하는 데도 큰 걸림돌이 될 것으로 보입니다.

현재 DMZ에서는 우리 주권이 제한되고 있습니다. 대한민국 헌법에 따라 우리 영토인 것은 맞지만, 정전협정에 따라 유엔사가 관할권을 가지고 있기 때문입니다. 앞으로 DMZ를 안정적이고 평화롭게 이용하기 위해서는 과거 토지 소유자의 소유권에 대해 정부 차원에서 대책을 마련해야 합니다. 정부가 유엔사와 논의하여 행정적·물리적 절차 진행을 위한 별도의 관리구역을 설치하는 방안도 검토할 필요가 있습니다.

DMZ 내 토지 국유화를 선언하는 방안도 거론되고 있는데요. 이러한 방안은 헌법에 보장된 재산권을 침해할 수 있어 사전에 충분한 논의와 법률 검토가 이루어져야 합니다. 2004년 법제처 자료에 따르면, 파주·연천 지역 비무장지대 내부 토지의 경우 국유지는 단 6퍼센트에 불과하고 사유지는 16퍼센트에 이릅니다. 나머지 78퍼센트는 아예 소유자를 알 수 없습니다. 재산권 분쟁이 일어나기 전에 비무장지대 일대의 자연생태문화유산과 관련해서 국보와 보물, 사적과 명승, 천연기념물, 그린벨트 등으로 지정할 것은 지정하고, 정비해야 할 것은 정비해야 합니다.

끝없이 이어진 철책선

분단선에서 생명선으로 - 소중한 동식물의 마지막 피난처 DMZ
글·사진 전영재

1판 1쇄 펴낸날 2025년 3월 14일
펴낸이 전은정
펴낸곳 목수책방
출판신고 제25100-2013-000021호

대표전화 070 8151 4255
팩시밀리 0303 3440 7277
이메일 moonlittree@naver.com
블로그 post.naver.com/moonlittree
페이스북 moksubooks
인스타그램 moksubooks
스마트스토어 smartstore.naver.com/moksubooks

디자인 엠모티프(문석용)
지도 일러스트 이신영
제작 야진북스

ISBN 979-11-88806-62-1 (03300)
가격 23,000원